예수님의 제자

예수님의 제자 인도자용

1쇄 발행 2016년 6월 10일
2쇄 발행 2023년 7월 25일

지은이 배창돈
펴낸이 고종율

펴낸곳 (주)도서출판 디모데 〈파이디온선교회 출판 사역 기관〉
등록 2005년 6월 16일 제 319-2005-24호
주소 서울특별시 서초구 서초대로 141-25(방배동, 세일빌딩)
전화 마케팅실 070) 4018-4141
팩스 마케팅실 02) 6919-2381
홈페이지 www.timothybook.com

값 14,000원
ISBN 978-89-388-1600-9 04230
     978-89-388-1599-6 (SET)

Copyright ⓒ (주)도서출판 디모데 2016 〈Printed in Korea〉

예수님의 제자

건강한 교회를 세우는 제자훈련 교재　인도자용

배창돈

차례

들어가는 글 006
제자훈련의 효과적인 운영 008

1단원 기본을 갖춘 제자

1과 예수님과 제자훈련 015
2과 큐티(경건의 시간) 023
3과 나는 누구인가? 030
4과 하나님 말씀인 성경 037
5과 하나님 말씀의 권위 043
6과 기도의 유익 049
7과 기도의 자세와 응답 057

2단원 균형 있는 제자

8과 예수 그리스도 067
9과 하나님 074
10과 십자가 082
11과 부활 088
12과 성령 094
13과 거룩한 삶 102
14과 재림 109
15과 순종 116

16과 감사 122
17과 예배 129
18과 그리스도인과 주일 136
19과 전도의 중요성 145
20과 전도의 방법 151
21과 전도의 열매 157

3단원 성숙한 제자

22과 생명력 있는 신앙생활 165
23과 순결한 삶 173
24과 건강한 가정생활 180
25과 교회와 제자훈련 188
26과 교회와 평신도 195
27과 교제 203
28과 은혜로운 언어생활 210
29과 그리스도인의 섬김 218
30과 지속적인 경건생활 225
31과 행동으로 나타내는 사랑 232
32과 인간관계 238
33과 물질의 청지기 246
34과 시간의 청지기 255
35과 영적 성숙 262
36과 영적 전투 269

들어가는 글

예수님은 교회가 교회 역할을 제대로 할 수 있는 길에 대해 한마디로 말씀하셨습니다. 바로 "제자를 삼으라"는 것입니다. 제자훈련을 받은 예수님의 제자들은 이 세상을 변화시켰고 전 세계에 복음을 전파하였습니다.

제자훈련은 쉽게 할 수 있는 훈련이 아닙니다. 목회자의 희생과 헌신 그리고 성도들이 훈련에 대한 대가를 지불하고자 하는 각오가 있어야 합니다. 그러나 제자훈련의 풍성한 열매는 기대 이상으로 나타납니다. 하나님 말씀으로 치유와 회복이 일어날 뿐 아니라 영적 성숙과 함께 주님의 제자 된 역할을 잘 감당할 수 있게 됩니다. 또한 하나님 말씀을 폭넓게 이해하고 분별하여 약한 자의 짐을 지게 됩니다. 제자훈련은 성도들에게 주신 선물일 뿐 아니라 교회가 건강하게 서서 제 역할을 감당하게 하는 유일한 길입니다.

제자훈련으로 훈련된 건강한 평신도 지도자가 많은 교회는 하나님께 제대로 쓰임받을 수 있습니다. 훈련받은 건강한 평신도는 교역자와 함께 동역하므로 복음 전파에 마음을 합하게 됩니다.

저는 지난 29년 동안 제자훈련으로 변화된 평신도들이 교회를 존귀하게 여기고 세상에서 주님의 권세를 드러내는 것을 보았습니다. 건강한 교회의 기준이 큰 건물이나 많은 교인 수, 좋은 프로그램이나 조직 그리고 많은 직분자는 아닙니다. 이 모두가 유익한 것일지는 몰라도 교회의 건강함을 좌우하는 근본 요건이 될 수 없습니다. 교회가 교회의 역할을 감당하기 위해서는 주님의 제자가 많아야 합니다.

이 교재는 삶과 사역의 현장에서 평신도에게 꼭 필요하다고 생각되는 내용을 중심으로 구성되었습니다. 이 교재는 책상머리에서가 아닌 목회 현장에서 만들어졌습니다. 때문에 지역교회의 실정에 맞게 구성되어 평신도들을 영적 군사로 훈련하는 데 유익합니다. 이 교재를 사용하는 지도자들이 성령의 도우심을 구하면서 제자훈련을 한다면 풍성한 열매를 얻게 될 것입니다. 제자훈련을 통해 건강한 교회가 많이 세워져 하나님을 기쁘시게 해드리기를 소원합니다.

제자훈련의 효과적인 운영

운영 시간

- 제자훈련은 각 과당 2시간에서 2시간 30분 정도가 좋으나 성령의 인도하심에 따라 조절할 수 있다.
- 시간이 너무 길어지면 훈련생에게 부담이 될 수 있고, 너무 짧으면 다루어야 할 내용을 소홀히 할 수 있음을 유의한다.

훈련 순서

마음 문 열기
한 주간 동안 누린 은혜나 간단한 안부 등을 나누면서 서로 마음을 연다.

찬양
각 과의 주제와 연관된 찬송이나 찬양을 한다(2-3곡 정도).

시작 기도
합심해서 기도한다. 기도 제목은 인도자가 주제에 맞게 제시하고, 성령의 인도하심을 받도록 기도한다.

과제 점검

① 성구 암송 매주 2개를 암송하고 5주 단위로 전체를 묶어서 암송하여 말씀을 자신의 것으로 삼는다.

② 큐티 나눔 과제로 부여하는 큐티는 제시되는 형식에 따라 각자 한 것을 나눈다. 큐티집을 사용해 매일 수행하게 한다(『날마다 솟는 샘물』, 『매일성경』 등 사용).

③ 독서 과제 발표 각 과의 주제에 맞는 독서 과제를 낸다. 독후감은 내용 요약보다는 자신에게 적용하여 느끼고 결단한 것을 구체적으로 쓰게 한다(내용 요약 30퍼센트, 적용 70퍼센트). 독서 과제는 매주 부여하지 않아도 된다. 훈련생들의 상태나 인도자의 판단에 따른다.

④ 생활 과제 나눔 주제와 관련하여 삶의 변화를 이끌어내기 위한 과제이므로 작은 변화와 순종에 대해서도 격려하고 칭찬해준다.

⑤ 성경 읽기 점검 매일 3-5장씩 읽게 한다.

⑥ 기타 과제 점검 기타 과제는 점검표를 가지고 점검한다.

_ 기타 과제 중 새벽기도는 점차 횟수를 늘려 제자훈련을 마칠 즈음에는 새벽형 사람이 되게 한다.

_ 과제 점검 시간이 너무 길어지지 않도록 시간 배분에 유의하라(30-40분).

_ 과제 점검 시간을 적절하게 운영하기 위해 큐티나 독후감 발표는 몇 명으로 제한하고, 그 밖의 사람들은 제출하도록 하여 지도자가 평가한 후 격려해준다.

말씀 공부

_ 효과적인 성경 공부를 위해서는 먼저 성경 본문을 잘 이해하도록 돕는 것이 중요하다. 『쉬운 성경』이나 『현대인의 성경』 등을 참조하는 것도 고려하라.

_ 성경 공부는 1시간 30분 정도 진행하는 것이 좋다. 그렇다고 시간에 너무 얽매이지 않아야 한다. 인도자가 상황에 따라 운영하는 지혜가 필요하다.

느낀 점과 결단

인도자가 공부한 내용을 간단히 요약하여 정리해주고, 훈련생들이 말씀을 배우면서 느낀 점, 새롭게 발견하고 결단한 것을 기록하게 하고 함께 나눈다. 자신이 깨달은 말씀에 대한 각오를 새롭게 하는 시간이 되게 한다.

마무리 기도

받은 은혜에 감사하는 기도를 드리고, 돌이켜야 할 내용에 대해 회개의 기도를 드린다. 새롭게 깨닫고 결단한 것을 삶에 적용하여 인격과 삶이 예수님을 닮아가도록 성령의 도우심을 구하는 기도를 드린다. 합심해서 기도해도 좋고, 때로는 모든 훈련생이 돌아가면서 1분 정도씩 기도해도 좋다. 마무리 기도는 훈련생 가운데 지명하거나 인도자가 한다.

과제

_ 기본적으로 부여하는 과제물 외에 생활 과제나 독서 과제를 낸다. 상황에 따라 각 훈련생에게 적합한 특별 과제를 내줄 수도 있다.

_ 독서 과제는 훈련을 처음 시작하는 사람들에게 부담이 되지 않도록 소책자에서 시작하는 것이 좋다.

훈련 장소

제자훈련은 각 교회의 상황에 따라 훈련생의 가정을 돌아가면서 하거나 교회에서 할 수 있다.

인도자의 자세 및 자기점검

다음은 인도자 스스로 점검해야 할 내용이다.

_ 개인적인 경건생활(큐티, 기도생활)을 잘하고 있는가?(인도자는 훈련생의 모델임을 기억하라.)
_ 교재 예습을 잘하고 있는가?(제자훈련을 위한 예습, 특히 본문에 대한 충분한 숙지)
_ 인도자 자신이 먼저 은혜 받을 마음의 준비를 하고 있는가?
_ 훈련생 개개인을 위해 세밀하게 기도하고 있는가?
_ 훈련 시간에 성령님의 인도를 간절히 구하며 인도하고 있는가?
_ 사람을 변화시키는 분은 하나님이심을 믿고 훈련하는가?

1단원

기본을 갖춘 제자

1과 예수님과 제자훈련

도입

예수님은 지상에서 3년 반 동안 가르치셨다. 가는 곳마다 이적과 능력을 행하셨다. 그러나 예수님은 대부분 시간을 열두 제자를 훈련하는 데 사용하셨다. 예수님의 제자들은 많은 약점을 가진 자들이었다. 성격이 급하고, 무식하며, 편파적이고, 불안정한 사람들이었다. 그럼에도 불구하고 그들은 위대한 일을 하는 훈련된 제자로 변화되었다.

오늘날 그리스도인들이 그들 주변과 사회에 끼치는 영향력은 얼마나 될까? 우리는 신앙생활의 연수에 비례하여 만족할 만한 성숙의 열매를 맺고 있다고 자신 있게 말할 수 있는가? 하나님의 자녀로 모인 우리는 이 제자훈련으로 인격과 삶의 변화를 경험하고, 이 땅에 선한 영향력을 끼치는 사람들로 서야 한다.

적용

1 각자 자신을 소개하고 제자훈련에 지원한 동기와 기대에 대해 말해보자.

2 마가복음 3장 14절에서 예수님의 제자훈련에 대해 살펴보자.

"이에 열둘을 세우셨으니 이는 자기와 함께 있게 하시고 또 보내사 전도도 하며."

1 본문에 나오는 제자훈련의 두 가지 목적과 그 유익을 말해보라.

1. "자기와 함께 있게 하시고"

목적
- 제자훈련은 주님과 함께하는 훈련이다.

유익
- 제자들은 예수님과 함께하며 어떤 유익을 얻었을까?
  - 제자들은 주님과 함께하므로 주님의 뜻을 알고 행하게 되었다.
  - 주님의 말씀을 들은 후 자신의 부족한 부분을 고치고 영적으로 성숙해졌다.
  - 함께할 때 닮게 되고 지체 의식을 갖게 된다.
  - 제자훈련은 예수님의 인격과 삶을 닮아가는 훈련이다.

- 당신에게는 예수님의 인격과 삶을 닮고 싶은 마음이 있는가? 특히 어떤 부분에서 변화를 원하는가?
- 지체 의식을 가지면 어떤 유익이 있을까?
  - 서로 부족한 부분을 이해하고 사랑함으로 하나가 되어 사역을 보다 효과적으로 감당할 수 있다.

2. "또 보내사 전도도 하며"

목적
- 전도는 주님이 이 땅에 오신 목적이다.
- 세상 사람들은 자기가 세운 목적대로 산다. 그리스도인은 주님의 목적대로 사는 사람이다.
- 제자훈련은 반드시 전도라는 열매로 나타나야 한다.

유익
- 제자들은 3년 동안 한 영혼을 위해 온 힘을 쏟으신 주님의 뜻을 마음에 품고 모든 족속에게 복음을 전했다.
- 제자들이 복음 전파에 대해 품었던 열정의 열매가 바로 지금 이 자리에 있는 우리다.

🔊 자신을 전도한 사람에게서 받은 감동이 있다면 나누어보라.
- 우리는 전도자들의 수고와 사랑으로 지금 이 자리에 있다.

2 제자훈련의 목적과 유익을 보면서 느낀 점과 기대감을 말해보라.
- 자신의 생각을 솔직하게 나누고 제자훈련에 대한 바른 시각을 갖게 한다.

3 요한복음 1장 43-47절의 내용을 검토해보자.

"⁴³이튿날 예수께서 갈릴리로 나가려 하시다가 빌립을 만나 이르시되 나를 따르라 하시니 ⁴⁴빌립은 안드레와 베드로와 한 동네 벳새다 사람이라 ⁴⁵빌립이 나다나엘을 찾아 이르되 모세가 율법에 기록하였고 여러 선지자가 기록한 그이를 우리가 만났으니 요셉의 아들 나사렛 예수니라 ⁴⁶나다나엘이 이르되 나사렛에서 무슨 선한 것이 날 수 있느냐 빌립이 이르되 와서 보라 하니라 ⁴⁷예수께서 나다나엘이 자기에게 오는 것을 보시고 그를 가리켜 이르시되 보라 이는 참으로 이스라엘 사람이라 그 속에 간사한 것이 없도다."

1 내용을 알기 쉽게 정리해보라.

2 빌립은 예수님을 만난 후 어떤 일을 하고 있는가?

- 나다나엘을 찾아갔다.
- 예수님을 소개하고 있다.

🔊 당신이 예수님을 만난 후 가장 먼저 한 일은 무엇인가?

🔊 빌립의 모습에서 우리는 무엇을 느낄 수 있는가?

3 빌립이 나다나엘에게 예수님을 어떻게 소개하고 있는지 말해보라.

- 빌립은 메시아인 예수님에 대해 성경(율법)을 근거로 말하고 있다.
- 확신에 찬 모습으로 예수님이 메시아이심을 전하고 있다(47절).

🔊 빌립에게 배울 점은 무엇인가?

4 예수님에 대한 편견을 살펴보자.

1. 나다나엘의 편견(46절)

- 나사렛은 갈릴리의 보잘것없는 지역으로, 사람들은 거기에서 메시아가 날 수 없다는 편견을 가지고 있었다.

2. 예수님에 대해 자신이 가지고 있는 편견(과거 또는 현재)이 있으면 말해보라.

4 예수님의 수제자였던 베드로를 통해 각자에게 주시는 교훈을 발견해보자.

1 회심 전의 베드로에 대해 살펴보자.

1. 누가복음 5:10

"세베대의 아들로서 시몬의 동업자인 야고보와 요한도 놀랐음이라 예수께서 시몬에게 이르시되 무서워하지 말라 이제 후로는 네가 사람을 취하리라 하시니"

- 베드로는 예수님의 제자, 특히 수제자로는 어울리지 않는 어부였다.

🔊 예수님은 평생 어부로 살았던 베드로를 향해 "네가 사람을 취하리라"고 하셨다. 이 말씀을 통해 무엇을 느낄 수 있는가?

- 베드로가 복음 전도자로서 많은 영혼을 구원할 것을 말씀하고 있다.
- 제자훈련을 시작하는 지금 주님이 각자에게 무슨 말씀을 하시는지 나누어보라.

2. 사도행전 4:13

"그들이 베드로와 요한이 담대하게 말함을 보고 그들을 본래 학문 없는 범인으로 알았다가 이상히 여기며 또 전에 예수와 함께 있던 줄도 알고."

- 베드로가 수준 높은 교육을 받지 못했음을 알 수 있다. 그는 평범한 사람이었다.

🔊 베드로가 예수님의 제자로 부름받은 것을 보며 느낀 점은 무엇인가?

🔊 자신이 예수님의 제자가 되는 데 부족하다고 생각하고 있다면 무엇 때문인가?

- 하나님은 약한 자를 들어 강한 자들을 부끄럽게 하신다(고전 1:27).

❷ 요한복음 1장 40-42절에서 베드로가 예수님을 믿게 되는 과정을 구체적으로 살펴보라.

"⁴⁰요한의 말을 듣고 예수를 따르는 두 사람 중의 하나는 시몬 베드로의 형제 안드레라 ⁴¹그가 먼저 자기의 형제 시몬을 찾아 말하되 우리가 메시야를 만났다 하고(메시야는 번역하면 그리스도라) ⁴²데리고 예수께로 오니 예수께서 보시고 이르시되 네가 요한의 아들 시몬이니 장차 게바라 하리라 하시니라(게바는 번역하면 베드로라)."

1. 안드레에 대해 아는 대로 말해보라.

- 안드레는 예수님의 첫 제자이자 자발적인 최초의 전도자로 형제에게 복음을 전했다.

🔊 당신이 가장 먼저 복음을 전한 사람은 누구인가?

- 당신이 전도한 사람 가운데 베드로 같은 제자가 나올 수도 있음을 기억하자.

2. 예수님이 베드로에게 지금 당장 반석이라고 하지 않으시고 "장차 게바(반석)라 하리라"고 하신 의미를 살펴보고 느낀 점을 말해보라.

🔊 예수님은 우리 모두에게도 이와 같은 기대를 하고 계신다. 어떤 마음이 드는가?

3 마태복음 16장 16-17절에 나오는 베드로의 신앙고백은 완벽한 고백이라고 할 수 있다. 그 이유를 말해보라.

"¹⁶시몬 베드로가 대답하여 이르되 주는 그리스도시요 살아 계신 하나님의 아들이시니이다 ¹⁷예수께서 대답하여 이르시되 바요나 시몬아 네가 복이 있도다 이를 네게 알게 한 이는 혈육이 아니요 하늘에 계신 내 아버지시니라."

🔊 예수님은 어떻게 반응하셨는가?
- 흡족해하셨다("네가 복이 있도다").
- 베드로의 고백이 완벽한 이유는 이렇게 고백할 수 있도록 하신 분이 하나님이시기 때문이다.
- 이 고백은 예수님에 대한 신앙고백의 모델이라고 할 수 있다. 이 고백은 예수님의 인성(그리스도)과 신성(하나님의 아들)을 나타내고 있는데, 그 안에는 예수님이 이 땅에 오신 목적과 예수님의 본질적 신분이 담겨있다.
- 그리스도란 '기름 부음을 받은 자'라는 뜻으로 인성을 나타내는데, 구약에서 기름 부음을 받은 자는 제사장, 선지자, 왕이었다. 그러므로 예수님은 대제사장, 선지자, 왕의 역할을 감당할 참 메시아신 것이다.

5 각자 돌아가며 자신의 신앙고백을 해보라.
- 돌아가며 솔직하게 고백하게 한다.

6 자신의 신앙 간증을 다음 형식에 따라 기록해보라.

1. 예수님을 믿기 전의 삶

2. 예수님을 믿게 된 동기

3. 예수님을 믿은 후 일어난 변화

7 서로의 간증을 들으면서 느낀 점을 말해보라.

8 오늘 공부를 통해 느낀 점과 제자훈련에 임하는 각오를 말해보라.

> 나는 예수 그리스도가 하나님의 아들이심을 믿는다. 그리스도가 행하신 이적, 그의 존엄하신 인격, 그 밖의 그의 모든 행적으로 볼 때 그가 하나님의 아들이심을 믿지 않을 수 없다.
> 　　　　　　　　　　　　　　　　　　　　　　대니얼 웹스터 미국의 정치가

- 성구 암송   고린도후서 5:17, 갈라디아서 2:20
- 독서 과제   『성경 암송을 통하여 주님께로 돌아오다』(도슨 트로트맨, 네비게이토 역간)
- 성경 읽기   매일 3-5장을 읽도록 과제를 내준다. 구약과 신약을 병행해서 읽도록 분량을 정해준다.

빌리 그레이엄 목사는 거듭남의 결과에 대해 다음과 같이 말하고 있다. 첫째, 시야가 넓어지고 깨달음이 늘어난다. 미련하다고 비웃던 것들을 믿음으로 받아들이게 되므로 하나님이 사고의 중심이 되셔서 이제까지 마음의 왕좌를 차지하고 있던 이기심이 물러난다. 둘째, 마음에 혁명처럼 자리잡은 새로운 성품 때문에 하나님을 사랑하고 하나님과 관련된 것들을 사랑하게 된다. 셋째, 의지에 큰 변화가 일어나고 각오가 달라지며 동기가 변하므로 하나님의 뜻만 행하고 싶어진다. 새로운 성향, 새로운 각오와 새로운 생활 원리 그리고 새로운 선택을 하게 된다.

2과 큐티(경건의 시간)

도입

큐티는 하나님과 만나는 시간이다. 큐티는 말씀묵상과 기도로 이루어진다. 날마다 하나님과 만나는 시간은 우리 삶을 풍성하게 한다. 매일 영양분을 공급받아야 건강한 사람이 될 수 있듯 규칙적인 큐티를 통해 건강한 그리스도인이 될 수 있다.

말씀묵상은 삶을 확실하게 붙잡아준다. 말씀을 깨닫게 하고, 생활에 구체적으로 적용하게 하며, 하나님의 뜻에 자신을 복종하게 해준다. 큐티하는 생활이 거룩한 습관이 되면 성령의 인도를 받고 성령의 열매를 맺는 삶을 살게 된다.

적용

1 큐티에서 말씀 묵상으로 얻는 유익을 시편 1편 1-3절에서 살펴보자.

"¹복 있는 사람은 악인들의 꾀를 따르지 아니하며 죄인들의 길에 서지 아니하며 오만한 자들의 자리에 앉지 아니하고 ²오직 여호와의 율법을 즐거워하여 그의 율법을 주야로 묵상하는도다 ³그는 시냇가에 심은 나무가 철을 따라 열매를 맺으며 그 잎사귀가 마르지 아니함 같으니 그가 하는 모든 일이 다 형통하리로다."

1 어떤 사람이 복 있는 사람인가?(1-2절)

- 악인의 유혹에 넘어가지 않고 죄인이 가는 길에 함께하지 않는 자
- 오만한 자들과 함께하지 않는 자
- 하나님 말씀을 즐거워하며 항상 묵상하는 자

🔊 당신은 복 있는 사람인가? 왜 그렇다고 생각하는가?
🔊 복 있는 사람이 되기 위해 바꾸어야 할 것은 무엇인가?
🔊 말씀을 즐거워하고 있는 모습이 삶에서 어떻게 나타나고 있는가?(시 112:1)

"할렐루야, 여호와를 경외하며 그의 계명을 크게 즐거워하는 자는 복이 있도다."

2 말씀을 묵상하는 자가 누리는 기쁨은 무엇인가?(3절)

- 시냇가에 심은 나무처럼 계절을 따라 열매를 맺고, 잎사귀가 마르지 않으며, 부족함이 없게 된다.

🔊 이 말씀을 통해 느낀 점을 말해보라.
🔊 말씀 묵상으로 누리는 기쁨이 있으면 말해보라.

2 우리 안에 말씀이 풍성히 거할 때 어떤 결과가 나타나는지 골로새서 3장 16절에서 살펴보자.

"그리스도의 말씀이 너희 속에 풍성히 거하여 모든 지혜로 피차 가르치며 권면하고 시와 찬송과 신령한 노래를 부르며 감사하는 마음으로 하나님을 찬양하고."

- 지혜로 서로 가르치고 세워주게 된다.
- 감사가 넘치는 찬양의 삶을 살게 된다.

🔊 당신 안에 말씀이 풍성히 거하도록 하기 위해 어떤 노력을 하고 있는가?
🔊 말씀이 풍성히 거할 때 누리게 되는 은혜를 살펴보고 느낀 점을 말해보라.

3 여호수아 1장 8절을 읽고 느낀 점을 말해보라.

"이 율법책을 네 입에서 떠나지 말게 하며 주야로 그것을 묵상하여 그 안에 기록된 대로 다 지켜 행하라 그리하면 네 길이 평탄하게 될 것이며 네가 형통하리라."

🔊 하나님은 왜 이런 요구를 하신다고 말씀하는가?
- 우리를 평탄하고 형통한 길로 인도하시기 위함이다. 자녀를 향한 아버지의 사랑이다.

🔊 부모가 자녀에게 순종을 요구할 때 어떤 마음으로 그렇게 하는가?
- 순종하면 자녀에게 복이 되기 때문에 반드시 순종하기를 원한다.

> 위인들은 성경을 한시도 놓지 못할 하나님 말씀으로 신뢰하며 자신들의 지도자로 삼았다.
> 빌리 그레이엄

4 큐티에서 기도가 얼마나 중요한지 누가복음 5장 15-16절에서 살펴보자.

"15예수의 소문이 더욱 퍼지매 수많은 무리가 말씀도 듣고 자기 병도 고침을 받고자 하여 모여 오되 16예수는 물러가사 한적한 곳에서 기도하시니라."

- 예수님은 바쁘신 가운데서도 한적한 곳으로 기도하러 가셨다. 하나님과 은밀히 만나는 교제의 시간을 가지신 것이다.
- 예수님은 기도를 가장 우선순위에 두셨고, 기도와 함께 사역하셨다.

🔊 바쁜 일과 가운데서도 한적한 곳을 찾아 기도하시는 예수님과 자신을 비교해보고 느낀 점을 말해보라.

- 큐티를 하면 기도를 우선으로 하는 삶을 살게 된다.

5 큐티하는 방법에 대해 생각해보자.

1 큐티할 수 있는 장소와 시간을 정하라.

- 조용한 장소와 가능하면 아침 시간으로 정하는 것이 좋다.

2 먼저 기도하라.

- 기도로 성령님의 도우심을 구해야 한다.

"찬송을 받으실 주 여호와여 주의 율례들을 내게 가르치소서"(시 119:12).

- 바른 이해와 적용을 위해 기도한다.

"내 눈을 열어서 주의 율법에서 놀라운 것을 보게 하소서"(시 119:18).

- 깨달은 말씀을 행할 수 있도록 실천할 수 있는 힘을 달라고 기도한다.

"내 길을 굳게 정하사 주의 율례를 지키게 하소서"(시 119:5).

3 말씀을 읽고 내용을 알기 쉽게 정리해보라.

- 본문을 자세히 그리고 처음 보는 것처럼 읽어야 한다.
- 3-5번 반복해 읽으면서 내용을 파악한다.

4 연구와 묵상: 성경의 배경과 내용을 살펴보고, 어려운 내용은 주석이나 성경사전으로 살펴본다(단, 연구와 묵상은 생략할 수도 있다).

5 느낀 점을 기록하라.

- 하나님(예수님, 성령님)이 어떤 분이신지 내용을 관찰한다.
- 하나님(예수님, 성령님)의 뜻, 사역, 성품을 통해 깨달은 것을 기록한다.
- 말씀을 읽고 깨달은 자신의 죄를 기록한다.
- 내게 주시는 교훈을 구체적으로 기록한다.

6 자신에게 적용하고 결단하라.

- 자신의 삶에서 순종해야 할 명령을 기록한다.
- 깨달은 죄를 해결하기 위해 무엇을 할지 기록한다.
- 실행 여부를 점검할 수 있도록 구체적으로 적용하고 결단한다. 무엇을, 언제, 어떻게 행할 것인지 기록한다.

7 적용하고 결단한 내용을 놓고 기도하라.

- 말씀을 통해 드러난 자신의 죄를 회개한다.
- 결단한 내용을 잘 지킬 수 있도록 성령의 도우심을 구한다.

8 함께 나누라.

- 지체들과 나눔으로 얻는 유익도 크다.
- 함께 나눌 때 새로운 깨달음과 도전을 받게 된다.
- 지체의 문제를 통해 형제의식을 갖게 되고, 서로를 위해 기도할 수 있다.

링컨은 성경의 사람이라 할 만하다. 성경에서 배운 진리를 자기 삶에 적용하여 영광스러운 일생을 살았다.　　　　　　　　　　테오도어 루스벨트　미국의 26대 대통령

---

6 큐티는 꾸준히 계속해야 한다. 그 이유는 무엇일까?(시 119:105)

"주의 말씀은 내 발에 등이요 내 길에 빛이니이다."

- 하나님의 인도하심은 항상 필요하기에 큐티는 평생 계속해야 한다.
- 양이 목자의 음성을 매일 듣고 따라야 하듯 우리는 목자이신 하나님의 음성을 평생 듣고 그대로 행해야 한다.

> 인내는 모든 문을 열어준다.　　　라 퐁텐 프랑스 고전주의 시대의 대표 시인

7　요한일서 3장 15-18절을 큐티하라.

　　1. 내용 정리

　　2. 연구와 묵상

　　3. 느낀 점

　　4. 적용과 결단

　　5. 기도

8　오늘 공부를 통해 느낀 점을 말하고 앞으로 가질 경건의 시간을 위해 합심해서 기도하자.

- **성구 암송** 시편 119:105, 요한복음 14:21
- **큐티** 시편 119:1–3
- **독서 과제** 『큐티하는 삶이 아름답다』(배창돈, 말씀과 만남)
- **생활 과제** 매일 묵상집(『날마다 솟는 샘물』, 『매일 성경』)과 큐티 노트 준비
- **성경 읽기**

성경을 읽으면서 인물이나 사건, 일에만 집중하면 하나님을 바라볼 수 없다. 하나님이 보이지 않으면 기도할 수 없고 오히려 낙망할 수 있다. 나는 할 수 없구나 하는 생각이 들게 된다. 먼저 하나님의 마음을 읽으려고 애써야 한다. 그럴 때 하나님과 교제가 시작된다. "하나님은 이 문제를 어떻게 생각하세요?" "하나님은 제게 무엇을 말씀하고 싶으세요?" "하나님은 이런 경우 어떻게 하세요?" 이렇게 할 때 묵상의 관점이 바뀌게 된다.

지혜의 왕 솔로몬도 묵상의 시간을 많이 가졌다(전 12:9). 하나님의 말씀을 묵상하는 사람은 하나님의 지혜를 소유하여 하나님의 뜻대로 살 수 있다. 뿐만 아니라 하나님이 주시는 능력과 기쁨으로 살 수 있다.

"나의 기도를 기쁘게 여기시기를 바라나니 나는 여호와로 말미암아 즐거워하리로다"(시 104:34).

3과

나는 누구인가?

도입

"너 자신을 알라"고 한 소크라테스의 명언은 오늘날까지 많은 사람의 마음에 감화를 준다. 자신이 누구인지 알면 하나님이 인간에게 주신 복을 누리며 살 수 있지만, 반대로 자신이 누구인지 모르는 상태에서 되는 대로 산다면 참으로 어리석은 인생으로 끝날 수밖에 없다. 이 시간 성경 말씀을 통해 나는 누구인지 살펴보자.

적용

1 창세기 1장 27-28절이 주는 교훈을 살펴보자.

"²⁷하나님이 자기 형상 곧 하나님의 형상대로 사람을 창조하시되 남자와 여자를 창조하시고 ²⁸하나님이 그들에게 복을 주시며 하나님이 그들에게 이르시되 생육하고 번성하여 땅에 충만하라, 땅을 정복하라, 바다의 물고기와 하늘의 새와 땅에 움직이는 모든 생물을 다스리라 하시니라."

1 하나님은 당신과 어떤 관계인가?(27절)

- '사람'을 가리키는 히브리 원어 '아담'과 흙을 가리키는 원어 '아다마'는 같은 어근을 가진다. 이는 사람이 흙으로 지어졌음을 나타내는 것이다.
- 하나님은 사람을 만드신 창조주시다. 우리는 하나님의 피조물이다.

2 사람이 하나님의 형상으로 지어졌다는 사실은 하나님과 사람의 관계가 어떠함을 보여주는가?

- 사람은 하나님의 특별한 사랑의 대상으로 기대를 받고 있는 존재임을 알 수 있다.
- 하나님의 형상을 따라 지어진 피조물인 사람은 자신을 향한 하나님의 기대와 요구를 항상 생각하며 살아야 한다.

🔊 하나님은 우리를 자기 형상대로 만드시고 무엇을 기대하실까? 나를 향한 하나님의 기대와 요구를 생각해보았는가?

- 나를 지으신 하나님의 의도대로 사는 것이 자녀로서 합당한 삶이다.
- 창조주이신 하나님을 인정하면 그분이 모든 문제를 해결해주신다.

3 사람을 향한 하나님의 마음과 하나님이 사람에게 주신 권한에 대해 말해보라(28절).

- 하나님은 사람에게 복을 주시고 번성하기를 원하신다. 하나님은 복의 근원이시다.
- 하나님은 사람에게 모든 생물을 다스리는 권한을 주셨다.

🔊 다스리는 권한을 부여받은 사람들은 어떻게 해야 하는가?

- 하나님의 뜻에 따라 다스려야 한다(오늘날 환경오염, 가축 전염병 등은 사람이 하나님의 뜻을 거스린 결과라고 할 수 있다).

2 하나님은 어떤 분이신지 다음 성구들에서 알아보자.

1 욥기 34:11

"사람의 행위를 따라 갚으사 각각 그의 행위대로 받게 하시나니."

- 하나님은 사람의 모든 행위대로 갚아주신다.

🔊 하나님이 당신의 모든 행위에 주목하고 계심을 알고 있는가? 그렇다면 그 사실을 알고 난 후 삶이 어떻게 바뀌었는가? 각자 자신의 이야기를 구체적으로 말해보라.

- 죄를 멀리하고, 하나님의 마음에 들기 위해 노력하게 되며, 어려운 일이나 환난을 당해도 담대하게 살 수 있다.

2 잠언 16:2

"사람의 행위가 자기 보기에는 모두 깨끗하여도 여호와는 심령을 감찰하시느니라."

- "심령"(루아흐)은 '내면'을 가리키고, "감찰하시느니라"(타칸)는 '무게를 달다' '공정하게 평가하다'는 뜻으로, 하나님은 내면의 은밀한 부분까지 판단하신다는 것이다.
- 하나님은 행위 자체만 보시지 않는다. 마음의 동기까지도 세밀하게 살피신다.

🔊 마음의 동기까지 감찰하시는 하나님이 지금 당신을 어떻게 보시겠는가?

🔊 하나님 앞에서 마음의 동기까지 인정받으려면 어떻게 해야 하겠는가?

- 하나님 말씀 앞에서 자신을 항상 살펴야 한다. 그렇게 하기 위해서는 말씀이 우리 속에 거하도록 해야 한다. 그렇지 않으면 죄에 오염되어 살면서도 무감각해질 것이다(골 3:16 참고).

"그리스도의 말씀이 너희 속에 풍성히 거하여 모든 지혜로 피차 가르치며 권면하고 시와 찬송과 신령한 노래를 부르며 감사하는 마음으로 하나님을 찬양하고."

3 잠언 19:21

"사람의 마음에는 많은 계획이 있어도 오직 여호와의 뜻만이 완전히 서리라."

- 내가 계획을 세울지라도 하나님은 자신의 뜻대로 이루어가신다. 하나님의 뜻이 아니면 이루어질 수 없다.
- 자신이 세운 계획과 전혀 다른 방향으로 일이 전개되어 아파하고 좌절한 경험이 있다면 말해보라.

🔊 그 이유와 문제점은 무엇이라고 생각하는가?

- 하나님의 뜻을 무시했기 때문이다.

🔊 가장 좋은 계획은 무엇이며 그 이유는 무엇인가?
- 하나님의 뜻 안에서 세워진 계획은 완전하게 성취된다.

🔊 현재 내 생각대로 계획했거나 진행 중에 있는 일이 있으면 말해보라.
- 계획하고 실행하는 일이 하나님의 뜻과 일치되는지 늘 점검해야 한다.

4 전도서 3:13

"사람마다 먹고 마시는 것과 수고함으로 낙을 누리는 그것이 하나님의 선물인 줄도 또한 알았도다."

- 본문의 핵심을 한 마디로 말해보라.
- 우리가 수고해서 얻고 누리는 것까지도 알고 보면 하나님의 선물이라는 것이다.
- 하나님이 허락하시고 공급하시지 않는다면 우리가 이룰 수 있는 것은 아무것도 없음을 기억해야 한다.

🔊 이 사실을 믿을 때 어떤 삶을 살 수 있을까?
- 하나님의 은혜를 마음 깊이 새기고 맡겨진 일에 최선을 다하며 겸손할 수 있다.
- 사도 바울의 고백을 함께 읽고 느낀 점을 말해보자(고전 15:10).

"그러나 내가 나 된 것은 하나님의 은혜로 된 것이니 내게 주신 그의 은혜가 헛되지 아니하여 내가 모든 사도보다 더 많이 수고하였으나 내가 한 것이 아니요 오직 나와 함께 하신 하나님의 은혜로라."

하나님이 우리를 창조하신 목적은 피조물이 하나님의 완전하심에 동참하고, 하나님의 축복에 참여하며, 하나님의 사랑과 지혜와 능력 그리고 영광을 나타내시려는 것이다.

앤드류 머레이 아프리카의 성자로 불리는 네델란드 목사

---

3 다음에 제시된 성구들을 읽고 각각의 교훈을 살펴보자.

1 마태복음 4장 4절에서 하나님은 사람이 어떻게 살기를 원하시는가?

"예수께서 대답하여 이르시되 기록되었으되 사람이 떡으로만 살 것이 아니요 하나님의 입으로부터 나오는 모든 말씀으로 살 것이라 하였느니라 하시니."

- 사람은 하나님의 말씀으로 살아야 한다고 말씀하신다.

🔊 사람은 떡만으로 살 수 없는 존재라고 하신다. 이에 대해 어떻게 생각하는가?

🔊 사람이 떡만으로 살 수 있을 것이라고 생각했을 때와 지금의 삶이 어떻게 달라졌는가?

- 떡이 육신의 생명을 유지시켜주듯 하나님 말씀은 모든 삶을 지탱하고 인도해준다.

2 요한복음 4장 34절 말씀을 읽고 느낀 점을 말해보라.

"예수께서 이르시되 나의 양식은 나를 보내신 이의 뜻을 행하며 그의 일을 온전히 이루는 이것이니라."

- 예수님은 이 땅에서 하나님 말씀을 양식으로 삼으셨다. 하나님의 뜻을 행하는 것, 즉 순종이 생명이라고 하신다.

🔊 이 말씀에 대해 어떻게 생각하는가?
🔊 하나님 말씀만이 자신의 삶을 지탱해주는 양식이라고 확신하는가?
🔊 그렇다면 그 증거를 말해보라.

4 시편 118편 8-9절이 주는 교훈과 자신이 결단해야 할 부분에 대해 말해보라.

"⁸여호와께 피하는 것이 사람을 신뢰하는 것보다 나으며 ⁹여호와께 피하는 것이 고관들을 신뢰하는 것보다 낫도다."

- 세상의 힘을 의지하는 것과 하나님을 신뢰하여 의지하는 것은 비교할 수 없다.

🔊 이 말씀에서 어떤 교훈을 얻을 수 있는가?
🔊 당신은 문제에 부딪혔을 때 누구를 먼저 의지하는가?

- 🔊 아직도 하나님보다 세상의 힘을 더 신뢰하는 것이 있다면 말해보라.
- 🔊 하나님을 신뢰하고 피난처로 삼기 위해 결단할 것은 무엇인가?

5 마태복음 6장 1절에서 자신의 문제점과 개선해야 할 것을 살펴보자.

"사람에게 보이려고 그들 앞에서 너희 의를 행하지 않도록 주의하라 그리하지 아니하면 하늘에 계신 너희 아버지께 상을 받지 못하느니라."

❶ 자신의 문제점을 예를 들어 말해보라.

- 🔊 다른 사람의 눈을 너무 의식하지 않는가?
- 🔊 사람에게 보이려고 행할 때 그 과정과 결과가 어땠는지 허심탄회하게 말해보라.
  - 사람에게 상 받고 인정받으려 하면 하나님의 상을 받지 못한다.

❷ 개선해야 할 문제에 대해 구체적으로 말해보라.

- 자신의 문제를 솔직히 내어놓고 해결받도록 하자.

- 🔊 하늘 아버지의 상이 영광스러운 것인지를 확신하고 그에 대한 기대감이 있는가?
  - 하나님 앞에서 행하는 자에게 상이 있다.
  - 각자 내놓은 문제를 놓고 마무리 시간에 성령님의 도우심을 구하며 간절히 기도하라.

6 오늘 공부를 통해 느낀 점과 결단한 것을 말하고 서로를 위해 기도하자.

- 성구 암송   전도서 12:13, 요한복음 14:18
- 큐티   마태복음 5:14-16
- 독서 과제   『파인애플 이야기』(IBLP, 비전북 출판사 역간)
- 생활 과제   하나님의 기대에 맞게 살기 위해 한 주간 어떤 노력을 했는지 구체적인 실례 써오기 (예 형제: 방 청소하고 정리하기, 자매: 남편 구두 닦아주기)
- 성경 읽기

사람은 세 종류로 분류할 수 있다. 대다수 사람은 바람 부는 대로 이리저리 밀려다니는 나뭇잎처럼 살다가 간다. 태어났으니 그저 사는 사람이다. 환경과 시대의 조류를 따라 살다가 때가 되면 낙엽처럼 가는 것이다. 또 다른 사람은 자기가 세운 법칙에 따라 사는 사람이다. 별이 일정한 궤도를 반복해서 진행하듯 자기 궤도 안에서 산다. 자신의 고집과 욕심을 좇아 한 평생을 힘들게 산다. 이들은 허무한 목적과 자기만족만을 추구하느라 하나님 뜻을 철저하게 외면하는 어리석은 삶을 살게 된다. 마지막으로, 자신이 하나님 형상으로 창조된 인간임을 알고 인간의 권위와 가치를 누리며 사는 사람이다.

4과 하나님 말씀인 성경

도입

하나님 말씀인 성경은 1500여 년 동안 40여 명의 손으로 쓰였다. 그러나 분명한 사실은 성경의 원저자는 하나님이시라는 것이다. 오늘도 성령은 하나님의 일을 이루기 위해 하나님 말씀을 사용하신다. 하나님은 오늘도 성경을 통해 우리에게 말씀하시며 인간의 모든 행위에 대해 최종적인 권위를 가지고 계시다. 우리는 오늘 이 시간 하나님이 주신 보배로운 말씀을 자신의 것으로 취해야 한다.

적용

1 디모데후서 3장 16-17절이 주는 교훈을 살펴보자.

"[16]모든 성경은 하나님의 감동으로 된 것으로 교훈과 책망과 바르게 함과 의로 교육하기에 유익하니 [17]이는 하나님의 사람으로 온전하게 하며 모든 선한 일을 행할 능력을 갖추게 하려 함이라."

1 내용을 알기 쉽게 정리해보라.

2 평소에 생각하고 있던 성경에 대한 자신의 견해를 말해보라.
🔊 성경을 단지 역사책이나 베스트셀러 정도로 생각하지는 않았는가?

3 성경은 하나님의 감동으로 되었다고 한다. 하나님의 감동으로 되었다는 의미에 대해 말해보라.
- "감동으로 된 것"은 헬라어로 '하나님이 불어넣으셨다'는 뜻이다.
- 성경이 하나님의 감동으로 기록되었다는 것은 성경을 기록한 자들이 성령의 인도하심과 지혜와 능력에 사로잡혀 기록했다는 것이다. 그것은 사람들이 자기 마음대로 했거나 개인의 뜻을 적은 것이 아니라는 의미다. 거짓이나 오류가 전혀 없도록 성령이 역사하셨다는 것이다.

4 우리는 성경을 어떤 자세로 읽어야 하는가?(벧후 1:20-21 참고)

"²⁰먼저 알 것은 성경의 모든 예언은 사사로이 풀 것이 아니니 ²¹예언은 언제든지 사람의 뜻으로 낸 것이 아니요 오직 성령의 감동하심을 받은 사람들이 하나님께 받아 말한 것임이라."

- 성경이 성령의 감동으로 기록되었으므로 성경을 읽는 우리도 성령의 감동을 받도록 기도해야 한다. 그래야 깨닫고 믿을 수 있다.
- 하나님이 인간 저자를 성령으로 감동시키셔서 성경을 기록하게 하셨다.

🔊 당신은 성경을 읽기 전에 기도하는가? 기도의 내용은 무엇인가?
- 사사로이 푼다는 것은 자기 생각대로 해석하는 것이다. 성령의 감동을 받아 성경을 읽고 해석하도록 기도해야 한다.

5 "하나님의 사람으로 온전하게 한다"는 의미에 대해 말해보라(딤후 3:17).
- "온전하다"는 것은 '완전하게 구비되다'는 뜻으로, 선한 일을 행하기에 준비된 사람으로 변한다는 뜻이다.
- 사람을 온전케 하기 위해 성경으로 교훈하고 책망하고 바르게 하고 의로 교육한다.

🔊 성경을 읽은 후 일어난 변화가 있다면 말해보라.

🔊 성경을 공부하면서도 변화되고 있지 않다면 무엇이 문제라고 생각하는가?

> 성경은 살아있는 책이다. 성경에는 그것을 반대하는 모든 것을 정복하는 힘이 있다.
>
> 나폴레옹 프랑스 황제

2 하나님 말씀이 주는 유익과 하나님 말씀을 대하는 자세를 시편 119편에서 알아보자.

"⁹청년이 무엇으로 그의 행실을 깨끗하게 하리이까 주의 말씀만 지킬 따름이니이다 ¹⁰내가 전심으로 주를 찾았사오니 주의 계명에서 떠나지 말게 하소서 ¹¹내가 주께 범죄하지 아니하려 하여 주의 말씀을 내 마음에 두었나이다"(시 119:9-11).

"¹⁴내가 모든 재물을 즐거워함 같이 주의 증거들의 도를 즐거워하였나이다 ¹⁵내가 주의 법도들을 작은 소리로 읊조리며 주의 길들에 주의하며 ¹⁶주의 율례들을 즐거워하며 주의 말씀을 잊지 아니하리이다"(시 119:14-16).

1 9절에서 하나님 말씀이 주는 유익에 대해 말해보라.

- 범죄하기 쉬운 청년 시절에 자신을 깨끗하게 할 수 있는 길은 오직 말씀을 지키는 것이다.
- 자신을 절제하고 유혹에서 이길 수 있는 힘은 오직 하나님 말씀으로만 가능하다.

2 하나님 말씀을 지키기 위해 어떻게 해야 하는가?(10-11절)

- 주의 말씀을 떠나지 않도록 기도해야 한다.
- 범죄하지 않기 위해 말씀을 가까이 해야 한다.(예 큐티와 성구 암송, 성경 읽기, 예배)

🔊 당신은 말씀을 지키기 위해 어떻게 힘쓰고 있는가?

3 하나님 말씀을 대하는 자세는 어떠해야 하는가?(시 119:14-16)

- 재물을 가지는 것보다 더 좋아해야 한다.
- 주의 말씀을 가볍게 대해서는 안 된다.

🔊 시편 기자의 고백을 보며 느낀 점을 말해보라.

🔊 당신은 하나님 말씀에 대해 얼마나 적극적인 자세로 임하는가?

🔊 하나님 말씀을 대하는 당신의 자세에서 바꾸어야 할 모습을 말해보라.

> 백 마지기의 아름다운 전토보다 성경을 소유한 자가 되라.
>
> 링컨의 어머니가 링컨에게 한 말

3 다음 성구들이 주는 교훈을 말하고 느낀 점을 말해보라.

1 예레미야 15:16

"만군의 하나님 여호와시여 나는 주의 이름으로 일컬음을 받는 자라 내가 주의 말씀을 얻어 먹었사오니 주의 말씀은 내게 기쁨과 내 마음의 즐거움이오나."

🔊 하나님 말씀을 먹어야 한다는 것은 무슨 의미인가?

- 말씀대로 행해야 한다는 뜻이다. 제자훈련은 행하는 훈련이다.
- 하나님 말씀을 듣고 행할 때 기쁨과 즐거움이 있다.

🔊 하나님 말씀을 지켜서 얻은 유익이 있다면 말해보라.

2 데살로니가전서 2:13

"이러므로 우리가 하나님께 끊임없이 감사함은 너희가 우리에게 들은 바 하나님의 말씀을 받을 때에 사람의 말로 받지 아니하고 하나님의 말씀으로 받음이니 진실로 그러하도다 이 말씀이 또한 너희 믿는 자 가운데에서 역사하느니라."

- 성경을 하나님 말씀으로 믿을 때 말씀이 살아서 일하시는 것을 경험할 수 있다.

🔊 당신은 성경을 언제부터 살아있는 하나님의 말씀으로 믿었는가? 그렇게 믿은 후에 어떤 경험을 했는가?

3 야고보서 1:22-24

"²²너희는 말씀을 행하는 자가 되고 듣기만 하여 자신을 속이는 자가 되지 말라 ²³누구든지 말씀을 듣고 행하지 아니하면 그는 거울로 자기의 생긴 얼굴을 보는 사람과 같아서 ²⁴제 자신을 보고 가서 그 모습이 어떠한 것을 곧 잊어버리거니와."

• 하나님 말씀을 듣기만 하고 행하지 않으면 자신을 속이는 것과 같다.

🔊 거울로 자기 자신의 잘못된 얼굴을 보고도 고치지 않고 잊어버리면 어떻게 되는가?

🔊 말씀을 통해 지적하시고 행할 바를 알려주실 때 당신은 어떻게 반응하는가?

4 예레미야 23장 29절에서 하나님 말씀에 대한 구체적인 비유를 살펴보자.

"여호와의 말씀이니라 내 말이 불같지 아니하냐 바위를 쳐서 부스러뜨리는 방망이 같지 아니하냐."

🔊 말씀을 무엇에 비유하고 있는가? 그 의미는 무엇인가?

• 하나님 말씀은 불처럼 모든 것을 태우기도 하고 방망이처럼 바위도 부스러뜨린다. 이는 하나님 말씀에 죄의 세력을 철저히 소각시키고 쉽게 부수는 능력이 있다는 의미다.

🔊 이 말씀에서 느낀 점을 말해보라.

🔊 성경 말씀을 통해 죄에서 돌이킨 경험이 있다면 말해보라.

5 오늘 공부를 통해 느낀 점과 결단한 것을 나누어보라.

- 성구 암송   디모데후서 3:16, 야고보서 1:22
- 큐티   시편 33:12-20
- 독서 과제   『말씀의 손 예화』(네비게이토)
- 생활 과제   예수님을 믿고 변화된 삶의 모습을 다섯 가지 이상 기록해오기
- 성경 읽기

어떤 경건한 사람이 성경을 들고 교회로 가고 있었다. 그때 그와 마주친 친구가 그렇게 진지하게 읽고 있는 성경에서 무엇을 발견했느냐고 묻자 경건한 사람은 이렇게 대답했다. "내 아버지의 뜻을 알았네. 그분이 우리 인생에서는 100배로 결실할 수 있는 능력을, 내세에서는 영원한 생명을 주셨다는 사실을 발견했다네"라고 말했다.

하나님 말씀을 바로 아는 자는 참으로 복 있는 사람이다. 성경은 하나님이 인간에게 주고 싶어하시는 모든 사랑과 복이 기록된 말씀으로, 하나님은 우리가 이 모든 복을 소유하는 것을 기뻐하고 즐거워하신다. "너희가 성경에서 영생을 얻는 줄 생각하고 성경을 연구하거니와 이 성경이 곧 내게 대하여 증언하는 것이로다"(요 5:39).

5과 하나님 말씀의 권위

도입

어떤 사람의 말에는 그 말을 한 사람의 인격과 지위, 성품이 나타난다. 하나님 말씀에는 권위가 있다. 세상의 어떤 권위도 그에 비교할 수 없다. 사실 하나님 말씀인 성경의 권위를 논하는 것 자체가 우스운 일이다. 성경의 권위가 곧 하나님의 권위이기 때문이다. 그러나 생각보다 많은 사람이 성경의 권위를 인정하지 않거나 성경의 권위에 대해 무지하다. 하나님 말씀의 권위 앞에 무릎을 꿇을 때 우리 삶은 달라질 것이다.

적용

1 하나님 말씀의 권위에 대해 다음 성구들에서 알아보자.

1 신명기 28:1-2

"¹네가 네 하나님 여호와의 말씀을 삼가 듣고 내가 오늘 네게 명령하는 그의 모든 명령을 지켜 행하면 네 하나님 여호와께서 너를 세계 모든 민족 위에 뛰어나게 하실 것이라 ²네가 네 하나님 여호와의 말씀을 청종하면 이 모든 복이 네게 임하며 네게 이르리니."

🔊 하나님 말씀을 듣고 지켜 행할 때 어떤 복을 주시는가?
- 세계 모든 민족보다 뛰어나게 해주신다.
- 복이란 구하지 않아도 하나님이 사랑으로 베푸시는 은혜를 말한다.

🔊 하나님 말씀의 권위가 얼마나 대단한지 알고 순종하는가? 그 증거는 무엇인가?
- 말씀에 순종하는 것이 말씀의 권위를 인정한다는 증거다.
- 하나님 말씀의 권위에 순종할 때 모든 복을 받게 된다. 하나님이 복의 근원이시므로 복은 하나님이 주셔야 받을 수 있다.

> 위대한 신앙을 갖는 민족은 위대한 국가를 건설한다.
> 토마스 칼라일 영국의 역사가, 『프랑스 혁명사』의 저자

2 시편 33:6

"여호와의 말씀으로 하늘이 지음이 되었으며 그 만상을 그의 입 기운으로 이루었도다."

🔊 말씀으로 지어진 것은 무엇인가?
- 하나님은 말씀으로 하늘과 우주만물을 지으셨다.("입 기운"은 '여호와의 말씀'과 동의어다.)

🔊 만물이 하나님 말씀으로 지어졌음을 믿는가?

🔊 그렇다면 하나님 말씀의 권위는 얼마나 대단한 권위인가? 말씀의 권위를 인정하고 살면 우리 삶은 어떻게 달라질까?

2 하나님은 신실하신 분이다. 다음 성구들에서 살펴보자.

1 마태복음 5장 18절이 주는 교훈을 말해보라.

"진실로 너희에게 이르노니 천지가 없어지기 전에는 율법의 일점 일획도 결코 없어지지 아니하고 다 이루리라."

- "일점일획"이란 붓을 한 번 살짝 움직인 정도의 아주 작은 내용까지도 성경이 권위를 갖는다는 것을 강하게 말씀하고 있는 것이다.
- 하나님은 반드시 약속을 지키는 신실하신 분임을 나타낸다.

🔊 하나님 말씀이 정확하게 그대로 이루어진다는 말씀 앞에서 어떤 생각이 드는가?

🔊 내 마음에 드는 말씀은 받아들이고 부담스럽거나 지키기 힘든 말씀은 거부하는 습관을 가지고 있다면 솔직히 말해보라. 그렇다면 무엇이 문제라고 생각하는가?

2 시편 33편 4절 말씀을 읽고 느낀 점을 말해보라.

"여호와의 말씀은 정직하며 그가 행하시는 일은 다 진실하시도다."

- 하나님 말씀이 정직하다는 것은 그 말씀이 반드시 성취된다는 뜻이다.
- 하나님이 진실하시므로 말씀도 진실하다.

🔊 이 말씀을 의심 없이 믿는가? 그렇다면 말씀 앞에 어떻게 반응하는가?

3 하나님 말씀과 삶은 어떤 관계가 있는지 알아보자.

1 시편 37:31

"그의 마음에는 하나님의 법이 있으니 그의 걸음은 실족함이 없으리로다."

- "실족함이 없으리로다"의 원어는 '가는 길이 미끄러지지 않는다'는 뜻으로, 하나님 말씀을 마음에 품고 사는 자는 삶이 번성하고 행복할 것이라는 의미다.

- 🔊 하나님 말씀을 지켰기 때문에 위기에서 넘어지지 않은 경험이 있으면 말해보라.
- 🔊 어떤 위기나 어려움이 와도 말씀을 붙잡으면 이길 수 있다는 이 말씀에서 느낀 점을 말해보라.

2 요한복음 14:24

"나를 사랑하지 아니하는 자는 내 말을 지키지 아니하나니 너희가 듣는 말은 내 말이 아니요 나를 보내신 아버지의 말씀이니라."

- 하나님 말씀을 지키는 것이 하나님을 사랑하는 증거다.
- 반대로 하나님을 사랑하지 않는 자는 하나님 말씀을 지키지 않는다.
- 하나님을 사랑해서 말씀을 지키는 자는 삶의 변화를 경험한다.

- 🔊 신앙생활을 하면서 가까운 사람들에게서 당신이 변했다는 말을 듣는가? 그렇지 않다면 그 원인은 무엇이라고 생각하는가?
  - 당신은 하나님을 사랑한다고 주저 없이 말할 수 있는가? 그렇다면 그렇게 말할 수 있는 증거는 무엇인가?

3 요한복음 13:17

"너희가 이것을 알고 행하면 복이 있으리라."

- 🔊 말씀을 알고 행함으로 받은 복이 있으면 말해보라.
- 🔊 말씀을 알고 있으면서도 행하지 않는 것이 있다면 솔직히 말해보라..
  - 말씀대로 행하는 것이 곧 말씀의 권위를 인정하는 것이다.

4 시편 119편 59-60절을 읽고 느낀 점을 말해보라.

"[59]내가 내 행위를 생각하고 주의 증거들을 향하여 내 발길을 돌이켰사오며 [60]주의 계명들을 지키기에 신속히 하고 지체하지 아니하였나이다."

1 내용을 알기 쉽게 정리해보라.

2 당신이 지금 가는 길에서 말씀을 향해 발길을 돌이켜야 할 일이 있으면 구체적으로 말해보라.

- 하나님의 뜻이 아닌 것에서는 빨리 발길을 돌려야 한다. 그것이 말씀의 권위를 인정하는 것이다.

🔊 "계명을 지키기에 신속히 하고 지체하지 않았다"는 말씀에서 어떤 교훈을 얻는가?

- 모든 죄의 뿌리는 성경의 절대권위를 인정하지 않는 잠재의식에서 비롯된다.

5 오늘 공부를 통해 결단한 것을 서로 나누고 그 내용을 가지고 합심해서 기도하자.

- 성구 암송   시편 33:4, 마태복음 24:35
- 큐티   요한복음 14:21-26
- 독서 과제   『말씀 중심의 삶』(하진승, 네비게이토 역간), 『성경의 권위』(존 스토트, IVP 역간) 중 택일
- 생활 과제   한 주간 하나님 말씀의 권위를 인정하고 걸음을 돌이킨 사례 적어오기
- 성경 읽기

예수님은 구약의 말씀을 자주 인용하셨다. 그 내용을 살펴보면 신명기 21회, 이사야 20회, 시편 16회, 다니엘 14회, 출애굽기 14회, 레위기 13회 등이다. 구약 역시 권위 있는 하나님 말씀이기에 그대로 전하기만 하면 되었기 때문이다. 하나님 말씀의 권위는 누구에게 인정받을 필요가 없다. 성경 자체가 인정하고 그 사실을 스스로 증명할 뿐 아니라 하나님 말씀대로 산 사람 모두가 증인이기 때문이다. 나폴레옹은 "성경은 그저 책이 아니라 살아 있는 책이다. 성경에는 그것을 반대하는 모든 것을 정복하는 힘이 있기 때문이다"는 의미 있는 말을 남겼다. 성경이 권위를 갖는 이유는 그것이 바로 살아 계신 하나님의 말씀이기 때문이다.

6과 기도의 유익

도입

하나님은 우리에게 기도의 특권을 부여하셨다. 기도는 하나님의 보좌를 움직이는 조건이며 힘이다. 그래서 하나님은 우리가 열렬히 기도하기를 원하신다. 결국 우리 인생의 방향과 성패가 기도에 달려 있다고 해도 과언이 아니다. 존 뉴턴은 "당신은 아주 큰 소원을 가지고 한 왕에게 나아갑니다. 그 왕의 은혜와 능력은 무한하므로 아무리 구해도 그것이 너무 많다고 할 수 없습니다"고 말했다. 이 시간 기도의 유익에 대해 알아보자.

적용

1 다음 성구들에서 우리가 기도해야 하는 이유를 살펴보라.

1 시편 62:8

"백성들아 시시로 그를 의지하고 그의 앞에 마음을 토하라 하나님은 우리의 피난처시로다(셀라)."

- 하나님이 우리의 피난처시기 때문이다.

🔊 피난처란 어떤 곳인가?
- 안전지대, 안심하고 쉴 수 있는 곳, 보호받는 곳, 적이 공격할 수 없는 곳

🔊 하나님을 향한 자세는 어떠해야 하는가?
- 항상 의지해야 한다. 어려움이 있을 때나 없을 때나 우리의 삶 전부를 하나님께 맡겨야 한다.
- 마음을 토해야 한다. 하나님께 숨김없이 다 털어놓아야 한다. 이는 하나님을 전적으로 신뢰하는 믿음의 표현이다.

🔊 무슨 일이든지 하나님이 피난처심을 믿고 기도하는가? 그렇지 못하다면 그 이유는 무엇인가?

2 히브리서 4:16

"그러므로 우리는 긍휼하심을 받고 때를 따라 돕는 은혜를 얻기 위하여 은혜의 보좌 앞에 담대히 나아갈 것이니라."

- 우리는 하나님의 긍휼하심과 때를 따라 도우시는 은혜를 받아야 하기 때문이다.
- 하나님은 도움을 필요로 할 때 우리를 도우신다.
- 기도는 우리가 만왕의 왕이신 하나님의 보좌 앞에 나아가는 것이다.

🔊 하나님 은혜의 보좌 앞에 나아갈 수 있는 것은 특권이다. 당신은 이 특권을 어떻게 받아들이는가?

🔊 하나님의 긍휼하심을 구하면서 간절히 기도했을 때 응답받은 경험이 있으면 말해보자.

2 요한복음 14장 13절이 주는 교훈을 살펴보자.

"너희가 내 이름으로 무엇을 구하든지 내가 행하리니 이는 아버지로 하여금 아들로 말미암아 영광을 받으시게 하려 함이라."

- 우리는 예수님의 이름으로 무엇이든지 기도할 수 있고, 하나님은 우리가 기도할 때 응답해주신다.

🔊 하나님이 우리가 구할 때 무엇이든지 시행하시겠다는 말씀에서 무엇을 느낄 수 있는가?

- 자녀에게 무엇이든지 다 해주고 싶어하시는 아버지 하나님의 사랑을 알 수 있다.

🔊 당신은 기도할 때 얼마나 응답을 기대하는가?

🔊 우리의 기도를 들어주시는 하나님은 우리에게 무엇을 기대하시는가?

- 우리에게 영광을 받기 원하신다.

> 기도를 마치고 잠자리에 들면 내 마음은 가벼워지고 기쁨에 찬다.
> **톨스토이** 러시아 최고의 작가

3 기도할 때 어떤 유익을 얻을 수 있는가?

1 시편 34:4

"내가 여호와께 간구하매 내게 응답하시고 내 모든 두려움에서 나를 건지셨도다."

- 다윗은 사울의 핍박으로 인한 죽음의 위기에서 자신의 지혜나 방법이 아닌 하나님께 기도하여 그 위기를 해결했다. 다윗은 하나님이 모든 두려움을 해결해주시는 분이라고 고백하고 있다.

- 기도를 통해 두려움을 해결한 적이 있으면 말해보라.
- 한 주간 동안 두려운 문제를 만났을 때 기도로 대응하고 이를 간증하는 시간을 갖는다.

2 시편 57:2

"내가 지존하신 하나님께 부르짖음이여 곧 나를 위하여 모든 것을 이루시는 하나님께로다."

- "지존하신 하나님"은 하나님이 온 세상의 주권자이심을 믿는 자의 고백이다.
- 부르짖음은 온 마음을 다해 구하는 것을 말한다.
- 하나님은 부르짖는 기도를 들으시고 모든 것을 이루어주신다.

- 기도하면 하나님이 나를 위해 일하신다는 것을 믿는가?
- 기도하면서 응답에 대한 확신이 없다면 무엇이 문제라고 생각하는가?

4 마가복음 1장에서 예수님의 기도 생활에 대해 살펴보자.

"²¹그들이 가버나움에 들어가니라 예수께서 곧 안식일에 회당에 들어가 가르치시매 ²²뭇 사람이 그의 교훈에 놀라니 이는 그가 가르치시는 것이 권위 있는 자와 같고 서기관들과 같지 아니함일러라 ²³마침 그들의 회당에 더러운 귀신 들린 사람이 있어 소리 질러 이르되 ²⁴나사렛 예수여 우리가 당신과 무슨 상관이 있나이까 우리를 멸하러 왔나이까 나는 당신이 누구인 줄 아노니 하나님의 거룩한 자니이다 ²⁵예수께서 꾸짖어 이르시되 잠잠하고 그 사람에게서 나오라 하시니 ²⁶더러운 귀신이 그 사람에게 경련을 일으키고 큰 소리를 지르며 나오는지라 ²⁷다 놀라 서로 물어 이르되 이는 어찜이냐 권위 있는 새 교훈이로다 더러운 귀신들에게 명한즉 순종하는도다 하더라 ²⁸예수의 소문이 곧 온 갈릴리 사방에 퍼지더라 ²⁹회당에서 나와 곧 야고보와 요한과 함께 시몬과 안드레의 집에 들어가시니 ³⁰시몬의 장모가 열병으로 누워 있는지라 사람들이 곧 그 여자에 대하여 예수께 여짜온대 ³¹나아가사 그 손을 잡아 일으키시니 열병이 떠나고 여자가 그들에게 수종드니라 ³²저물어 해 질 때에 모든 병자와 귀신 들린 자를 예수께 데려오니 ³³온 동네가 그 문 앞에 모였더라 ³⁴예수께서 각종 병이 든 많은 사람을 고치시며 많은 귀신을 내쫓으시되 귀신이 자기를 알므로 그 말하는 것을 허락하지 아니하시니라 ³⁵새벽 아직도 밝기 전에 예수께서 일어나 나가 한적한 곳으로 가사 거기서 기도하시더니"(막 1:21-35).

1 예수님의 하루 일과를 살펴보라.

1. 21–22절

- 회당에서 가르치셨다.

🔊 가르치는 것이 얼마나 힘든지 말해보라.

2. 23–25절

- 귀신을 쫓아내셨다.
- 예수님의 사역은 영적 전투였다.

3. 29–34절

- 시몬의 장모의 병을 고치셨다.
- 모든 병자의 병을 고치시고 귀신 든 자에게서 귀신을 쫓아내셨다.

4. 35절

- 새벽에 한적한 곳으로 가서 기도하셨다.

2 예수님의 사역과 기도생활에서 느낀 점을 말해보라.

- 예수님의 사역에서 영혼을 사랑하시는 모습을 느낄 수 있다. 예수님은 온종일 자신을 위해서는 시간을 보내지 않으셨다. 다른 사람들을 섬기며 모든 시간을 보내셨다.
- 예수님은 매우 분주하고 긴장된 하루를 보내시고도 새벽에 기도하는 시간을 가지셨다.
- 예수님은 바쁘신 중에도 기도로 사역을 시작하시고 기도로 사역을 마치시며 기도의 중요성을 일깨워주셨고, 기도 없이는 아무 사역도 하지 않으셨음을 보여주셨다.

🔊 예수님의 사역과 기도생활을 보며 자신의 기도생활에서 반성해야 할 점은 무엇인가?(살전 5:17)

"쉬지 말고 기도하라."

- 아무리 바빠도 기도를 쉬면 안 된다.

> 위대한 그리스도인들은 규칙적으로 기도하는 시간을 가졌다. 요한 웨슬리는 새벽 네 시에 일어나 기도와 함께 하루를 시작했다.   빌리 그레이엄 미국의 목사이며 전도자

5 시편 73편 28절 읽고 다음 물음에 답하라.

"하나님께 가까이 함이 내게 복이라 내가 주 여호와를 나의 피난처로 삼아 주의 모든 행적을 전파하리이다."

1 어떤 사람이 복 있는 사람인가?

- 하나님을 가까이 하는 사람이 복 있는 사람이다.
- 믿음이 좋다는 것은 하나님을 가까이 한다는 것이다.

🔊 나는 무엇을 가까이 하기를 좋아하는지 점검해보라(돈, 명예, 자녀, 쾌락, 권력 등).

2 당신은 하나님을 가까이 하기 위해 무엇을 하고 있는가?

- 매일 기도하기, 큐티하기, 항상 주님과 동행하기
- 기도와 말씀으로 하나님께 나아가는 것이 복이다.

🔊 하나님을 가까이 하는 데 장애물이 있다면 그것을 극복하기 위해 무엇을 결단해야 하는가?

3 하나님을 가까이 하는 사람의 열매는 무엇인가?

- 주님이 하신 모든 일을 전파하는 것이다. 이는 하나님이 가장 원하시는 일이다.

🔊 당신의 삶을 통해 다른 사람들에게 하나님의 살아계심을 어떻게 드러내고 있는가?

🔊 하나님을 담대히 전파하고 있는가? 그렇지 못하다면 그 이유가 무엇이라고 생각하는가?(본문 말씀에 비추어보라.)

- 하나님을 가까이 하지 않으면 하나님을 전파할 수 없다.

6 오늘 공부를 통해 느낀 점을 말하고 함께 기도하자.

- ■ 성구 암송   빌립보서 4:6-7, 히브리서 4:16
- ■ 큐티   시편 121:1-4
- ■ 독서 과제   『기도의 특권을 누리자』(하진승, 네비게이토 역간), 『기도에의 모험』(캐서린 마셜, 생명의 말씀사 역간) 중 택일
- ■ 생활 과제   한 주일에 2일 이상 새벽기도 나가기/ 한 주간 동안 두려운 문제를 만났을 때 어떻게 이겨냈는지 구체적인 사례 적어오기
- ■ 성경 읽기

기도하는 사람은 부지런한 사람이며 가장 현명한 사람이다. 하나님과의 교제인 기도를 게을리 하면서 하나님과 정상적인 관계를 유지하는 것은 불가능하다. 그러므로 하나님과 많은 시간을 보내야 한다. 하나님이 당신에게 기도라는 대화의 채널을 열어놓으신 것에 감사하고 있는가? 하나님은 당신의 기도를 기다리신다. 하나님은 하늘의 온갖 좋은 것을 베풀기 원하시기 때문이다.

유명한 설교자 찰스 스펄전은 기도에 대해 이렇게 말했다. "다윗은 한 번 부르짖고 침묵하지 않았다. 그의 거룩한 외침(기도)은 축복이 임할 때까지 계속되었다. 기도는 생각날 때만 해서는 안 된다. 기도는 하루의 일과다. 미술가가 모델에게, 시인이 고전에 몰두하듯 기도 속에 우리를 파묻고 쉬지 않고 기도해야 한다."

7과 기도의 자세와 응답

도입

예수님은 이 땅에 계실 때 기도에 전념하셨다. 혼자 계시는 시간은 기도하시는 시간이었다. 그분은 이른 아침에도 기도하셨고, 밤이 새도록 기도하셨는데, 십자가에 달리시기 전날에는 피땀을 흘리시면서까지 기도하셨다.

찰스 스펄전은 기도에 대해 이렇게 말했다. "구하는 것이 하늘나라의 법칙입니다. '구하라 그러면 너희에게 주실 것이요 찾으라 그러면 찾아낼 것이요 문을 두드리라 그리하면 너희에게 열릴 것이니'(마 7:7)라고 하셨습니다. 왕이시고 신성하신 하나님의 아들까지도 구해야 한다는 법칙을 어기지 않으셨거든 하물며 우리가 우리 마음대로 그 법칙이 바뀌기를 바라겠습니까? 기도는 우리 삶에 필수 요소입니다. 그 안에 푹 잠기십시오." 하나님이 요구하셨고 주님이 모범을 보이신 기도의 자세와 응답에 대해 살펴보자.

적용

1 요한복음 17장에서 예수님이 무엇을 위해 기도하셨는지 알아보자.

❶ 요한복음 17장의 배경에 대해 아는 대로 말해보라.

- 이 기도는 십자가 죽음을 앞두신 고난 주간 5일째인 목요일에 하신 기도로, 예수님 자신과 제자들과 교회를 위해 중보기도 하신 내용이다. 가장 절박한 상황에서 하신 기도이기에 그 중요성을 되새겨야 한다.

❷ 예수님은 9절과 15절에서 어떤 기도를 하셨는가?

"내가 그들을 위하여 비옵나니 내가 비옵는 것은 세상을 위함이 아니요 내게 주신 자들을 위함이니이다 그들은 아버지의 것이로소이다"(요 17:9).

"내가 비옵는 것은 그들을 세상에서 데려가시기를 위함이 아니요 다만 악에 빠지지 않게 보전하시기를 위함이니이다"(요 17:15).

- "내게 주신 자들"이란 일차적으로는 제자들이고, 넓은 의미로는 성도들을 가리킨다.
- 주님은 제자들과 성도들이 악에 빠지지 않고 주님의 증인 된 사역을 잘 감당하기를 기도하신다.

🔊 악에 빠지지 않게 해달라는 예수님의 기도에서 느낀 점을 말해보라.

- 오늘도 주님은 하나님 우편에서 성도들이 이 땅에서 증인의 삶을 살고 맡기신 사역을 잘 감당하기를 기도하실 것이다.

🔊 당신은 전도를 위해 얼마나 기도하는가?

❸ 20-21절에 나타난 예수님의 뜻을 통해 깨달은 점을 말해보라.

"²⁰내가 비옵는 것은 이 사람들만 위함이 아니요 또 그들의 말로 말미암아 나를 믿는 사람들도 위함이니 ²¹아버지여, 아버지께서 내 안에, 내가 아버지 안에 있는 것 같이 그들도 다 하나가 되어 우리 안에 있게 하사 세상으로 아버지께서 나를 보내신 것을 믿게 하옵소서."

- 예수님은 그리스도 안에서 하나가 되기를 기도하셨다(요 17:11).

🔊 예수님이 하나가 되게 해달라고 기도하신 이유가 무엇이라고 생각하는가?

- 하나가 되지 않고는 주님이 맡기신 사역을 감당할 수 없다. 특히 하나가 되지 못하는 것은 복음 전파의 가장 큰 장애물이다.

🔊 당신은 다른 그리스도인들과 하나가 되기 위해 어떤 노력을 하고 있는가?

🔊 하나가 되지 못해 하나님의 일에 걸림돌이 된 적이 있으면 나누어보라.

2 다음 성구들에 나타난 예수님의 기도에 대해 살펴보자.

1 마태복음 26:39

"조금 나아가사 얼굴을 땅에 대시고 엎드려 기도하여 이르시되 내 아버지여 만일 할 만하시거든 이 잔을 내게서 지나가게 하옵소서 그러나 나의 원대로 마시옵고 아버지의 원대로 하옵소서 하시고."

- 예수님은 십자가 고난에 앞서 하나님의 뜻에 순종하시기 위해 기도하고 있다.

🔊 예수님의 기도를 통해 깨달은 점이 있으면 나누어보라.

- 예수님은 자신의 뜻보다는 하나님의 뜻이 이루어지기를 간절히 원하셨다(마 6:10).

"나라가 임하시오며 뜻이 하늘에서 이루어진 것 같이 땅에서도 이루어지이다."

🔊 당신은 하나님의 뜻과 자신의 뜻 사이에서 어떻게 결정하는가?

🔊 하나님의 뜻을 위해 자신의 뜻을 포기한 경험과 그 결과를 말해보라(반대의 경우에 대해서도 나누어보라).

2 누가복음 23:34

"이에 예수께서 이르시되 아버지 저들을 사하여 주옵소서 자기들이 하는 것을 알지 못함이니이다 하시더라 그들이 그의 옷을 나눠 제비 뽑을새."

- 예수님은 자신을 십자가에 못 박은 자들을 용서해달라고 기도하시고 있다. 이 기도를 드리신 곳은 십자가 위였다. 온 힘을 다해 간절히 기도하신 것이다.

🔊 예수님의 기도를 보면서 느낀 점을 말해보라.
🔊 당신은 악한 짓을 한 사람이나 원수를 용서해달라고 기도한 적이 있는가? 있으면 구체적으로 말해보라.

> 기도란 단지 소원을 말하는 것만이 아니라 하나님의 명령을 귀 기울여 듣는 것이다.
>
> 빌리 그레이엄

3 누가복음 18장 1-8절에서 예수님이 우리에게 요구하시는 기도에 대해 말해보라.

"^{1}예수께서 그들에게 항상 기도하고 낙심하지 말아야 할 것을 비유로 말씀하여 ^{2}이르시되 어떤 도시에 하나님을 두려워하지 않고 사람을 무시하는 한 재판장이 있는데 ^{3}그 도시에 한 과부가 있어 자주 그에게 가서 내 원수에 대한 나의 원한을 풀어 주소서 하되 ^{4}그가 얼마 동안 듣지 아니하다가 후에 속으로 생각하되 내가 하나님을 두려워하지 않고 사람을 무시하나 ^{5}이 과부가 나를 번거롭게 하니 내가 그 원한을 풀어 주리라 그렇지 않으면 늘 와서 나를 괴롭게 하리라 하였느니라 ^{6}주께서 또 이르시되 불의한 재판장이 말한 것을 들으라 ^{7}하물며 하나님께서 그 밤낮 부르짖는 택하신 자들의 원한을 풀어 주지 아니하시겠느냐 그들에게 오래 참으시겠느냐 ^{8}내가 너희에게 이르노니 속히 그 원한을 풀어 주시리라 그러나 인자가 올 때에 세상에서 믿음을 보겠느냐 하시니라."

1 내용을 알기 쉽게 정리해보라.

2 1절에서 우리에게 요구하시는 두 가지를 말해보라.
  • 항상 기도하는 것, 기도할 때 낙심하지 않는 것이다.

🔊 낙심하지 말고 기도하라는 것은 무슨 뜻일까?
  • 응답받을 때까지 인내하고 기도하라는 것이다. 그것은 반드시 응답하시겠다는 뜻이다.

3 7절에 나오는 밤낮 부르짖는 기도는 어떤 기도인가?

- 어떤 문제도 기도로 해결할 수 있음을 알려주신 것이다.
- 하나님도 끈질기게 기도하는 자를 이기지 못하신다.
- 기대하고 기도하라.

🔊 끈질기게 기도해서 응답받은 것이 있으면 말해보라.

4 8절이 주는 교훈은 무엇인가?

- 하나님은 빨리 응답해주기를 원하신다. 우리 믿음을 보시고 응답하신다.

🔊 낙심해서 손해본 적이 있으면 말해보라.

4 기도의 응답을 받지 못하는 이유는 무엇인가?

1 시편 66:18

"내가 나의 마음에 죄악을 품었더라면 주께서 듣지 아니하시리라."

🔊 지금 회개해야 할 죄가 있다면 무엇인가?

2 마태복음 6:14-15

"¹⁴너희가 사람의 잘못을 용서하면 너희 하늘 아버지께서도 너희 잘못을 용서하시려니와 ¹⁵너희가 사람의 잘못을 용서하지 아니하면 너희 아버지께서도 너희 잘못을 용서하지 아니하시리라."

- 사랑의 공동체인 교회는 서로 사랑하고 용서해야 한다(롬 12:5).

"이와 같이 우리 많은 사람이 그리스도 안에서 한 몸이 되어 서로 지체가 되었느니라."

🔊 하나님이 우리가 지은 잘못을 용서하시지 않으면 어떻게 될까?

3 야고보서 1:6-7

"⁶오직 믿음으로 구하고 조금도 의심하지 말라 의심하는 자는 마치 바람에 밀려 요동하는 바다 물결 같으니 ⁷이런 사람은 무엇이든지 주께 얻기를 생각하지 말라."

- "의심하다"의 원어는 '양쪽에서 저울질하다'는 뜻으로 두 마음을 품은 것을 말한다.

🔊 기도하면서 의심하는 이유는 무엇이라고 생각하는가?

- 기도하면서 의심하는 것은 하나님의 인격과 능력을 불신하는 것이다.

4 야고보서 4:3

"구하여도 받지 못함은 정욕으로 쓰려고 잘못 구하기 때문이라."

- 정욕은 '쾌락'을 의미한다.

🔊 정욕으로 구하는 기도는 어떤 기도인가?

- 정욕으로 구한 기도와 그 결과에 대해 말해보라.

5 오늘 공부를 통해 느낀 점과 결단한 것을 말하고 이를 위해서 함께 기도하자.

- **성구 암송** 예레미야 29:12–13, 요한복음 15:7
- **큐티** 로마서 8:24–28
- **독서 과제** 『당신의 기도가 응답받지 못하는 이유를 아십니까?』
  (워렌 위어스비, 나침반 역간)
- **생활 과제** 자녀를 위해 매일 아침마다 축복하는 기도해주기, 배우자의 장점 10가지 적어오기
- **성경 읽기**

기도의 사람이었던 조지 뮬러는 "기도할 때 가장 명심할 일은 응답이 오기까지 결코 물러나지 않는 것이다"고 말했다. 하나님은 기도하는 자에게 어떤 방법으로든지 응답해주신다. 우리가 기도할 때 하나님은 가까이 오신다.

조지 뮬러가 캐나다 퀘벡에서 열리는 집회에 참석하기 위해 배를 타고 가고 있었다. 그러나 짙은 안개로 24시간이나 지체되자 선장은 안개 때문에 더는 갈 수 없다고 말했다. 이 때 조지 뮬러가 선장에게 말했다. "저는 지난 57년간 한 번도 약속을 어긴 적이 없습니다. 이번에도 약속을 꼭 지키고 싶습니다. 집회 시간에 맞추어 도착할 수 있도록 부탁드립니다." 그런 다음 선실로 들어가 간절히 기도하기 시작했다. 얼마 후 바깥을 내다본 선장은 깜짝 놀랐다. 그렇게 짙었던 안개가 감쪽같이 사라졌기 때문이다. 조지 뮬러는 제시간에 도착하여 집회를 인도했다.

2단원

균형 있는 제자

8과 예수 그리스도

도입

예수님은 하나님이신 동시에 사람이시다. 이해하기 어려운 진리지만 하나님의 전능하심을 믿는다면 아무런 문제가 되지 않는다. 예수님을 바로 알고 믿지 않으면 아무리 많은 지식을 가져도 그것은 쓸모없는 사상이나 이론으로 그칠 뿐이다. 예수 그리스도는 우리 삶의 현장에서 도우시는 분이다. 그리고 영원한 인도자로 함께하신다. 그러므로 예수 그리스도를 믿는 것은 매일 감격이요 기쁨이다. 이 시간 우리 자신과 예수 그리스도와의 관계를 말씀을 통해 다시 조명해보기로 하자.

적용

1 빌립보서 2장 5-8절에서 예수 그리스도에 대해 알아보자.

"⁵너희 안에 이 마음을 품으라 곧 그리스도 예수의 마음이니 ⁶그는 근본 하나님의 본체시나 하나님과 동등됨을 취할 것으로 여기지 아니하시고 ⁷오히려 자기를 비워 종의 형체를 가지사 사람들과 같이 되셨고 ⁸사람의 모양으로 나타나사 자기를 낮추시고 죽기까지 복종하셨으니 곧 십자가에 죽으심이라."

1 내용을 알기 쉽게 정리해보라.

2 "그는 근본 하나님의 본체"라는 말씀은 무슨 의미인가?(6절)

- 예수님이 하나님의 본체 안에 존재하신다는 뜻으로 하나님과 한 분이심을 나타낸다(요 10:30).

"나와 아버지는 하나이니라 하신대."

3 예수님이 사람이 되신 것을 어떻게 표현하고 있는가? 쉽게 표현해보라.

1. 6절– 하나님과 동등 됨을 포기하심(하나님과 같은 높은 자리를 포기하심)

2. 7절– 종의 형체를 가진 사람이 되심(종과 같이 겸손하게 되심)

3. 8절– 죽기까지 복종하심(목숨을 버리시고 십자가에서 돌아가심)

2 예수님이 십자가에서 죽으신 이유가 무엇인지 아래 성구들에서 살펴보자.

1 로마서 3:10

"기록된 바 의인은 없나니 하나도 없으며."

- 단 한 명의 의인도 없다는 말씀은 나름대로 의롭게 산다고 생각하는 사람들에게는 충격이 될 수 있다.
- 하나님이 보실 때 의인은 없다. 모두가 죄인이다.

🔊 당신은 자신이 죄인인 것을 어떻게 깨달았는가?

2 이사야 53:5-6

"⁵그가 찔림은 우리의 허물 때문이요 그가 상함은 우리의 죄악 때문이라 그가 징계를 받으므로 우리는 평화를 누리고 그가 채찍에 맞으므로 우리는 나음을 받았도다 ⁶우리는 다 양 같아서 그릇 행하여 각기 제 길로 갔거늘 여호와께서는 우리 모두의 죄악을 그에게 담당시키셨도다."

- '우리' 대신 '나'를 넣어 5절을 함께 큰 소리로 읽고 느낀 점을 말하라.
  - 예수님이 죗값을 받으신 고통의 자리는 원래 내가 있어야 할 자리였다.

- 우리를 양이라 표현한 이유가 무엇인가?(6절)
  - 죄의 결과를 멀리 보지 못하는 인간을 지독한 근시를 가진 양에 비유한 것이다.

- 우리 죄에 대하여 하나님은 어떤 결정을 내리셨는가?(6절)
  - 예수님이 죗값을 대신 받도록 하셨다.

- 내가 받아야 할 죄의 심판을 예수님이 대신 받으신 것에 대해 느낀 점을 나누어보라.

3 에베소서 1장 7절이 주는 교훈에 대해 살펴보자.

"우리는 그리스도 안에서 그의 은혜의 풍성함을 따라 그의 피로 말미암아 속량 곧 죄 사함을 받았느니라."

1 내용을 알기 쉽게 정리해보라.

2 당신도 죄를 용서받았다는 것을 언제 확신하게 되었으며, 그때 일어난 마음의 변화는 무엇인가?

4 로마서 8장 32절을 읽고 어떤 생각이 들었는지 말해보라.

"자기 아들을 아끼지 아니하시고 우리 모든 사람을 위하여 내주신 이가 어찌 그 아들과 함께 모든 것을 우리에게 주시지 아니하겠느냐."

- 🔊 자신의 아들까지 아낌없이 주신 하나님의 사랑은 어떤 사랑이라고 생각하는가?
- 🔊 아들을 주신 하나님이 앞으로 우리에게 무엇을 아끼시겠는가? 어떤 기대감이 있는가?

5 예수 그리스도를 믿으면 하나님과 어떤 관계가 되는가?

1 요한복음 1:12

"영접하는 자 곧 그 이름을 믿는 자들에게는 하나님의 자녀가 되는 권세를 주셨으니."

- 하나님의 자녀로서 그분의 가족이 된다.

🔊 자녀의 권세에 대해 토의해보자.

2 베드로전서 2:9

"그러나 너희는 택하신 족속이요 왕 같은 제사장들이요 거룩한 나라요 그의 소유가 된 백성이니 이는 너희를 어두운 데서 불러내어 그의 기이한 빛에 들어가게 하신 이의 아름다운 덕을 선포하게 하려 하심이라."

- 하나님이 선택하신 왕 같은 제사장이 된다.

🔊 왕 같은 제사장인 우리는 무엇을 해야 하는가?

- 하나님이 행하신 놀라운 일을 알려야 한다(복음의 증인이 되어야 한다).

🔊 당신을 구원하신 이유가 예수 그리스도의 증인으로 삼으시기 위함이라는 말씀에서 느낀 점을 말해보라.

6 예수 그리스도를 믿으면 어떤 변화가 일어나는지 요한복음 5장 24절에서 살펴보자.

"내가 진실로 진실로 너희에게 이르노니 내 말을 듣고 또 나 보내신 이를 믿는 자는 영생을 얻었고 심판에 이르지 아니하나니 사망에서 생명으로 옮겼느니라."

1 우리는 어떻게 영생을 얻을 수 있는가?

- 예수 그리스도를 믿는 자는 영생을 얻는다.

🔊 당신이 영생을 얻었다는 확신이 있는가?

2 예수님은 영생을 얻은 자에게 어떤 약속을 주시는가?

- 심판을 받지 않는다.
- 사망에서 생명으로 옮겨진다.

7 예수님의 약속에 대해 살펴보자.

1 요한복음 14:2-3

"²내 아버지 집에 거할 곳이 많도다 그렇지 않으면 너희에게 일렀으리라 내가 너희를 위하여 거처를 예비하러 가노니 ³가서 너희를 위하여 거처를 예비하면 내가 다시 와서 너희를 내게로 영접하여 나 있는 곳에 너희도 있게 하리라."

🔊 예수님은 제자들에게 무엇을 약속하셨는가?

- 예수님은 재림에 대한 약속으로 거처가 예비되면 반드시 다시 오실 것이라고 약속하셨다.

🔊 주님이 직접 영접해주신다는 말씀에 대해 어떤 생각이 드는가?

2 마가복음 13:35-37

"³⁵그러므로 깨어 있으라 집 주인이 언제 올는지 혹 저물 때일는지, 밤중일는지, 닭 울 때일는지, 새벽일는지 너희가 알지 못함이라 ³⁶그가 홀연히 와서 너희가 자는 것을 보지 않도록 하라 ³⁷깨어 있으라 내가 너희에게 하는 이 말은 모든 사람에게 하는 말이니라 하시니라."

🔊 재림을 기다리는 자의 자세는 어떠해야 하는가?
- 깨어 있어야 한다. 이 말은 언제나 준비하고 있으라는 뜻이다.
- 예수님이 갑자기(홀연히) 오셔도 당황하지 않고 맞이할 수 있어야 한다.

🔊 깨어 있기 위해 어떤 노력을 해야 하겠는가?

🔊 당신은 오늘 주님이 오셔도 맞이할 준비가 되어 있는가?

> 예수는 갈 바를 알지 못하고 방황하는 우리 인간들의 유일한 소망이다.
> 글래스턴의 비문 영국의 대정치가

---

8 새로 결심한 바를 하나님께 드리는 편지 형태로 기록해보자.

- **성구 암송**　로마서 8:1–2, 요한계시록 3:20
- **큐티**　　　로마서 10:9–13
- **독서 과제**　『오직 한 길』(브라이언 메이든, IVP 역간)
- **생활 과제**　예수님의 겸손과 사랑을 생각하며 배우자의 발 씻어 주기
- **성경 읽기**

마취제로 사용되는 클로르포름을 발견한 제임스 심프슨은 지금까지 발견한 것 가운데 가장 놀라운 것이 무엇이냐는 친구의 질문에 지체 없이 대답했다. "지금까지 내가 발견한 가장 위대한 것은 예수 그리스도 우리의 구세주라네!"

　구세주이신 그리스도는 이 세상에 찾아오셔서 한 사람 한 사람을 방문하시고 "내가 문밖에 서서 두드린다"고 말씀하신다. 예수님은 하나님께 가는 길이다. 예수님이 우리에게 주시는 것은 구원의 선물이다.

9과 하나님

도입

하나님을 바로 아는 것이 최고의 지식이다. 하나님은 예수 그리스도 안에서 인간을 영원토록 돌보시는 영원한 분이시다. 하나님은 성경과 예수 그리스도를 통해 자신을 분명히 밝히셨다. 하나님을 바로 알고 믿으면 우리 인생의 모든 문제를 해결받을 수 있다. 그러므로 하나님을 바로 아는 것이 하나님과 동행하는 신앙생활을 위한 근본이다.

적용

1 하나님에 대한 간절함을 시편 42편 1-2절에서는 어떻게 표현하는가?

"¹하나님이여 사슴이 시냇물을 찾기에 갈급함 같이 내 영혼이 주를 찾기에 갈급하니이다 ²내 영혼이 하나님 곧 살아 계시는 하나님을 갈망하나니 내가 어느 때에 나아가서 하나님의 얼굴을 뵈올까."

1 내용을 알기 쉽게 정리해보라.

하나님이여 목마른 사슴이 시냇물을 찾아 헤매듯 내 영혼이 간절하게 주를 찾습니다. 나는 살아계신 하나님을 간절하게 그리워합니다. 언제 내가 하나님을 만날 수 있습니까?

2 사슴이 시냇물을 찾기에 갈급한 상태는 어떤 상태라고 생각하는가?
- 극심한 가뭄으로 인한 목마름으로 사슴이 울부짖으며 물을 찾는 것을 말한다.

3 하나님을 울부짖으며 찾은 경험이 있으면 말해보라.
🔊 당신에게는 하나님에 대한 간절한 목마름이 있는가?

4 당신은 "살아 계시는 하나님"을 어떤 의미로 받아들이는가?
- 하나님은 살아계신 분으로 모든 생명의 주관자시라는 말씀이다.

🔊 당신은 하나님의 살아계심을 언제부터 확신하게 되었나?
🔊 하나님이 살아계시다는 것이 당신과 무슨 관계가 있는가?

2 하나님은 우리를 어떤 관계로 받아들이시는가? 로마서 8장 15-17절에서 답을 찾아보고, 하나님과의 관계 속에서 누리는 축복 네 가지를 말해보라.

"¹⁵너희는 다시 무서워하는 종의 영을 받지 아니하고 양자의 영을 받았으므로 우리가 아빠 아버지라고 부르짖느니라 ¹⁶성령이 친히 우리의 영과 더불어 우리가 하나님의 자녀인 것을 증언하시나니 ¹⁷자녀이면 또한 상속자 곧 하나님의 상속자요 그리스도와 함께 한 상속자니 우리가 그와 함께 영광을 받기 위하여 고난도 함께 받아야 할 것이니라."

- 성령은 우리를 하나님의 자녀로 삼아주시고 하나님을 아버지라고 부르게 하셨다 (우리는 무서워하는 종이 아니다).
- 우리는 하나님의 자녀다(성령이 이것을 확실하게 보증해주셨다).

- 우리는 그리스도와 함께 공동 상속자가 된다(자녀는 당연히 상속자가 된다).
- 우리는 그리스도가 누리는 영광에 참여한다. 동시에 주님이 겪으신 고난도 받아야 한다(이는 우리가 예수님을 위해 고난받는 것을 두려워하지 말아야 할 이유기도 하다).

🔊 당신에게는 하나님의 자녀가 되었다는 확신이 있는가? 그것을 어떻게 증명할 수 있는가?
- 하나님을 아버지라고 부를 수 있다는 것은 하나님의 자녀라는 증거다.

🔊 당신에게는 하나님으로 말미암아 당하는 고난이 있는가? 그 고난에 어떻게 반응하는가?

3 삼위일체 하나님에 대해 알아보자.

1 창세기 1장 26절에서 나타난 삼위일체에 대해 말해보라.

"하나님이 이르시되 우리의 형상을 따라 우리의 모양대로 우리가 사람을 만들고 그들로 바다의 물고기와 하늘의 새와 가축과 온 땅과 땅에 기는 모든 것을 다스리게 하자 하시고."

- 하나님을 가리켜 "우리"라는 대명사를 사용하고 있다. 이는 삼위일체에 대한 구약의 표현으로 창조 사역을 성부, 성자, 성령이 행하셨음을 나타내는 말씀이다.

🔊 삼위일체에 대해 아는 대로 말해보라.
- 삼위란 독립적인 인격임에도 세 분이 동일하신 한 분 하나님이시라는 뜻이다.

2 요한복음 1장 1, 14절에서 예수님이 하나님이신 것을 살펴보라.

"태초에 말씀이 계시니라 이 말씀이 하나님과 함께 계셨으니 이 말씀은 곧 하나님이시니라"(요 1:1).

"말씀이 육신이 되어 우리 가운데 거하시매 우리가 그의 영광을 보니 아버지의 독생자의 영광이요 은혜와 진리가 충만하더라"(요 1:14).

- 말씀이신 하나님이 육신을 입고 이 땅에 오셨다. 이 땅에 오신 예수님은 하나님과 같은 영광을 얻으셨다.

3 요한복음 10장 30절이 의미하는 바를 말해보라.

"나와 아버지는 하나이니라 하신대."

- '하나'로 번역된 헬라어 '헨'은 중성명사로 '한 성품'이라는 뜻으로서, 예수님이 하나님이시라는 뜻이다. 이는 성부와 성자가 서로 분리된 인격이지만 한 분이심을 나타내는 것이다.

4 마태복음 3장 16-17절에 나타난 삼위 하나님에 대해 설명하라.

"¹⁶예수께서 세례를 받으시고 곧 물에서 올라오실새 하늘이 열리고 하나님의 성령이 비둘기 같이 내려 자기 위에 임하심을 보시더니 ¹⁷하늘로부터 소리가 있어 말씀하시되 이는 내 사랑하는 아들이요 내 기뻐하는 자라 하시니라."

- 하나님은 말씀하셨고, 예수님은 육체를 입고 오셨으며, 성령님은 비둘기 모양으로 나타나셨다.
- 아버지와 아들과 성령이 한 자리에 임재하심으로서 삼위 하나님은 독립적인 인격이시지만 동일한 하나님이신 것을 나타낸다.

4 하나님의 성품에 대해 다음 성구들에서 알아보자.

1 로마서 11:36

"이는 만물이 주에게서 나오고 주로 말미암고 주에게로 돌아감이라 그에게 영광이 세세에 있을지어다 아멘."

- 하나님은 만물의 시작과 과정과 마지막을 주관하신다.

🔊 내 모든 삶의 주관자가 하나님이심을 안다면 어떤 삶을 살아야 할까?

- 하나님께 영광을 돌리는 삶을 살아야 한다.

🔊 하나님께 당신 삶의 목표가 맞추어져 있지 않다면 어떤 부분에 변화가 필요한지 말해보라.

2 시편 90:2

"산이 생기기 전, 땅과 세계도 주께서 조성하시기 전 곧 영원부터 영원까지 주는 하나님이시니이다."

- 하나님은 창조 이전부터 스스로 계신 분이다(영원 자존자).

3 마태복음 10:29-30

"²⁹참새 두 마리가 한 앗사리온에 팔리지 않느냐 그러나 너희 아버지께서 허락하지 아니하시면 그 하나도 땅에 떨어지지 아니하리라 ³⁰너희에게는 머리털까지 다 세신 바 되었나니."

- 하나님은 모든 것을 다 아신다. 하나님의 허락 없이 되는 일은 없다.
- 하나님은 자녀 된 우리의 세세한 부분까지 아시고 주관하신다.

🔊 우리는 하나님을 향해 어떤 자세를 가져야 하는가?

4 예레미야 23:24

"여호와의 말씀이니라 사람이 내게 보이지 아니하려고 누가 자신을 은밀한 곳에 숨길 수 있겠느냐 여호와가 말하노라 나는 천지에 충만하지 아니하냐."

- 하나님은 어디에나 계시는 분이다(무소부재하신 분).

🔊 우리가 아무리 숨어도 하나님을 피할 수 없다는 사실 앞에서 어떤 마음이 드는가?

5 에베소서 3:20

"우리 가운데서 역사하시는 능력대로 우리가 구하거나 생각하는 모든 것에 더 넘치도록 능히 하실 이에게."

- 우리 가운데서 일하시는 하나님은 우리가 구하고 생각하는 것보다 훨씬 많이 주신다.

🔊 당신은 하나님께 얼마나 기대감을 가지고 사는가?

> 하나님을 생각하는 일이 많으면 많을수록 하나님은 더 많이 도우신다. 톨스토이

5 야고보서 1장 17절에서 하나님이 어떤 분임을 알 수 있는가?

"온갖 좋은 은사와 온전한 선물이 다 위로부터 빛들의 아버지께로부터 내려오나니 그는 변함도 없으시고 회전하는 그림자도 없으시니라."

- 온갖 좋은 선물은 모두 하나님에게서 온다.
- 하나님은 결코 변하지 않는 분이다. 사람은 쉽게 자주 변하지만 하나님은 한결같으시다.

🔊 이 말씀을 통해 느낀 점을 말해보라.

6 역대상 28장 9절에서 아래 물음들에 대해 살펴보자.

"내 아들 솔로몬아 너는 네 아버지의 하나님을 알고 온전한 마음과 기쁜 뜻으로 섬길지어다 여호와께서는 모든 마음을 감찰하사 모든 의도를 아시나니 네가 만일 그를 찾으면 만날 것이요 만일 네가 그를 버리면 그가 너를 영원히 버리시리라."

1 본문의 배경은 무엇인가?

- 다윗이 삶을 마감하는 시점에서 아들 솔로몬에게 사랑과 간절한 마음으로 충고하는 내용이다.

2 구체적으로 어떤 충고인지 나열해보라.

- 하나님을 알라(이는 "야다"라는 말로, 지식이 아닌 순종을 통한 경험으로 아는 것을 말한다).
- 온전한 마음과 기쁜 뜻으로 하나님을 섬기라(나누이지 않은 마음, 적극적인 마음을 말한다).

- 하나님은 마음을 다 아시고 헤아리신다(솔로몬이 하나님을 온전히 섬겨할 이유다).
- 하나님께 진심으로 구하면 도우실 것이고, 우리가 하나님을 버리면 하나님도 우리를 버리실 것이다(하나님을 경외하는 자세를 가져야 한다).

3 다윗의 충고를 하나씩 자신에게 적용해보라.

1. 당신은 하나님을 바로 알고 있다고 생각하는가?

2. 당신은 하나님을 어떤 자세로 섬기고 있는가?

3. 하나님이 당신의 마음까지 다 헤아리고 계심을 믿는가?

4. 지금 당신의 어떤 일에 하나님의 도우심이 필요한가?

5. 당신 마음이 하나님과 멀어져 있다면 그 거리를 줄이기 위해 어떻게 해야 하는가?

7 오늘 공부를 통해 느낀 점과 결단한 것을 나누어보라.

- 성구 암송   로마서 11:36, 야고보서 1:17
- 큐티   역대상 29:10-13
- 독서 과제   『하나님을 경외하는 마음』(조이 도우슨, 예수 전도단 역간)
- 생활 과제   한 사람 이상에게 하나님을 소개하고 그 결과 써오기
- 성경 읽기

하나님은 말씀하신다. "너희가 약하냐? 나는 힘이다. 너희가 가난하냐? 나는 부요다. 너희가 고통 속에 있느냐? 나는 위로다. 너희가 병들었느냐? 나는 건강이다. 너희가 죽게 되었느냐? 나는 생명이다. 너희가 가진 것이 없느냐? 나는 모든 것이다. 나는 지혜요 능력이다. 나는 정의요 긍휼이다. 나는 은혜요 선이다. 나는 영광, 아름다움, 거룩, 명예, 존귀, 완전, 모든 충만, 영원이다." 하나님은 사람들을 행복하게 해주는 모든 유익 그리고 필요한 모든 것이 되신다.

10과

십자가

도입

예수님이 이 땅에서 행하신 모든 사역은 바로 우리를 위한 것이었다. 십자가는 사람을 죽이는 데 사용된 도구로 두려움의 상징과 같았다. 예수님은 바로 그 십자가를 지시고 온갖 고통 속에서 죽으셨다. 그러나 죽으신 지 삼일 만에 부활하셔서 인간의 죄 문제를 해결해주셨다. 십자가는 인간에게 일어난 가장 큰 사건으로서 우리 삶을 180도 바꾸어놓았다. 십자가로 말미암아 우리가 하나님과 화해하고 하나님 앞에 나아갈 수 있는 길이 열렸기 때문이다. 이 시간 예수님의 십자가가 주시는 은혜 속으로 들어가보자.

적용

1 마가복음 15장 9-13절이 주는 교훈을 살펴보자.

"⁹빌라도가 대답하여 이르되 너희는 내가 유대인의 왕을 너희에게 놓아 주기를 원하느냐 하니 ¹⁰이는 그가 대제사장들이 시기로 예수를 넘겨 준 줄 앎이러라 ¹¹그러나 대제사장들이 무리를 충동하여 도리어 바라바를 놓아 달라 하게 하니 ¹²빌라도가 또 대답하여 이르되 그러면 너희가 유대인의 왕이라 하는 이를 내가 어떻게 하랴 ¹³그들이 다시 소리 지르되 그를 십자가에 못 박게 하소서."

1 9-10절이 의미하는 바는 무엇인가?

- 예수님이 무죄이심을 나타낸다.
- 빌라도도 예수님이 무죄이신 것을 알았다. 요한복음 18장 38절을 함께 읽어보자.

"빌라도가 이르되 진리가 무엇이냐 하더라 이 말을 하고 다시 유대인들에게 나가서 이르되 나는 그에게서 아무 죄도 찾지 못하였노라."

2 예수님께 죄가 없으셨음을 증명한 자들에 대한 성경의 기록을 살펴보자.

1. 마태복음 27:4

"이르되 내가 무죄한 피를 팔고 죄를 범하였도다 하니 그들이 이르되 그것이 우리에게 무슨 상관이냐 네가 당하라 하거늘."

- 예수님을 십자가에 못 박은 가룟 유다의 고백이다.
- 가룟 유다는 양심의 가책으로 울부짖으며 스스로 목숨을 끊었다.

2. 마태복음 27:54

"백부장과 및 함께 예수를 지키던 자들이 지진과 그 일어난 일들을 보고 심히 두려워하여 이르되 이는 진실로 하나님의 아들이었도다 하더라."

- 예수님의 사형을 지휘한 백부장과 병사들이 예수님의 무죄를 증명했다.

3. 누가복음 23:41

"우리는 우리가 행한 일에 상당한 보응을 받는 것이니 이에 당연하거니와 이 사람이 행한 것은 옳지 않은 것이 없느니라 하고."

- 예수님과 함께 십자가에 못 박혀 죽어가던 강도가 예수님의 무죄를 증명했다.

3 예수님 당시 정치 지도자들과 종교 지도자들은 예수님을 어떻게 대했는가?(막 15:11-13)

- 그들이 예수님을 향해 가진 미움의 도가 지나쳐서 증오심에 이르게 되었고 죽도록 미워했다. 그냥 죽는 것도 아닌 가장 처참한 방법인 십자가에 못 박아 죽이기까지 예수님을 미워한 것이다.

2 요한복음 19장에 나타난 예수님의 십자가 사건이 주는 교훈을 살펴보자.

1 요한복음 19장 16-18절을 읽고 십자가의 고통에 대해 말해보라.

"¹⁶이에 예수를 십자가에 못 박도록 그들에게 넘겨 주니라 ¹⁷그들이 예수를 맡으매 예수께서 자기의 십자가를 지시고 해골(히브리 말로 골고다)이라 하는 곳에 나가시니 ¹⁸그들이 거기서 예수를 십자가에 못 박을 새 다른 두 사람도 그와 함께 좌우편에 못 박으니 예수는 가운데 있더라."

- 십자가는 그 어떤 살인기계도 넘볼 수 없는 최고의 고통을 준다. 사람은 심한 고통을 받으면 의식을 잃는다. 그러나 십자가는 죽을 때까지 고통을 맛보며 죽어가는 잔인한 형벌이다.
- 십자가형은 노예들 가운데 최악의 범죄자들을 처형할 때 사용되었다. 십자가에 못 박기 전에 심한 매질을 가해 과다 출혈로 죽음을 앞당기기도 했다. 죄수를 완전히 벌거벗겨 수치스럽게 만들었다. 고통은 서서히 다가와 쇼크와 폐 손상 등으로 죽어갔다.

2 요한복음 19장 23-24절을 읽고 느낀 점을 말해보라.

"²³군인들이 예수를 십자가에 못 박고 그의 옷을 취하여 네 깃에 나눠 각각 한 깃씩 얻고 속옷도 취하니 이 속옷은 호지 아니하고 위에서부터 통으로 짠 것이라 ²⁴군인들이 서로 말하되 이것을 찢지 말고 누가 얻나 제비 뽑자 하니 이는 성경에 그들이 내 옷을 나누고 내 옷을 제비 뽑나이다 한 것을 응하게 하려 함이러라 군인들은 이런 일을 하고."

- 군인들은 십자가에서 고통당하고 계신 예수님을 바라보면서 예수님의 옷을 차지하는 것에만 관심을 가지고 제비를 뽑는 악한 모습을 보였다. 십자가 고통에 수치심까지 더하고 있는 것이다.
- 예수님의 십자가 사건은 모두 성경에 예언된 대로 이루어졌다.

🔊 예수님의 십자가가 나를 위한 것임을 믿는가?

- 우리는 십자가에서 말할 수 없이 지극하신 하나님의 사랑을 느낄 수 있다. 요한복음 3장 16절을 함께 큰 소리로 복창하자.

"하나님이 세상을 이처럼 사랑하사 독생자를 주셨으니 이는 그를 믿는 자마다 멸망하지 않고 영생을 얻게 하려 하심이라"(요 3:16).

- 하나님은 당신의 가장 귀한 외아들까지도 우리에게 아낌없이 주셨다.

3 예수님이 십자가 위에서 하신 말씀의 의미를 살펴보자.

1. 요한복음 19:28

"그 후에 예수께서 모든 일이 이미 이루어진 줄 아시고 성경을 응하게 하려 하사 이르시되 내가 목마르다 하시니."

- 이는 몇 시간 동안 십자가 위에서 고통당하신 예수님이 신음하며 하신 말씀이다.
- 사막에서 물이 없어 죽어가는 사람들이 겪는 목마름은 죽음의 고통이라고 한다. 갈증이 시작되면 목이 타 들어가고 혀가 입천장에 달라붙는데, 이는 참을 수 없는 극한의 고통이라고 한다.
- 우리가 지옥에서 당해야 할 고통의 말인 "목마르다"는 말을 예수님이 극한의 고통 가운데서 하신 것이다.

🔊 예수님이 당하신 고통이 바로 내가 당해야 할 고통이라는 사실에 대해 어떤 생각이 드는지 말해보라.

2. 요한복음 19:30

"예수께서 신 포도주를 받으신 후에 이르시되 다 이루었다 하시고 머리를 숙이니 영혼이 떠나가시니라."

- 이는 예수님이 세상에서 하신 마지막 한 마디였다.

🔊 "다 이루었다"고 외치신 예수님을 보면서 느낀 점을 말해보라.

- 헬라어로 "테텔레스타이"라는 한 마디는 우리 인생의 죄를 해결하신 예수님이 모든 것을 해내셨다는 감격의 말씀이었다.

3 "다 이루었다"고 하신 예수님의 말씀에 담긴 의미를 다음 성구들에서 살펴보자.

1 히브리서 10:19

"그러므로 형제들아 우리가 예수의 피를 힘입어 성소에 들어갈 담력을 얻었나니."

- 우리는 그동안 아무도 접근할 수 없던 성소에 들어갈 수 있게 되었다. 이는 하나님 앞에 나아갈 수 있는 길이 열렸다는 뜻이다. 우리는 이제 언제든지 하나님 앞에 나아가 기도할 수 있게 되었다.

🔊 당신은 하나님 앞에 당당히 나아갈 수 있는 특권을 얼마나 누리고 있는가?

2 로마서 5:8

"우리가 아직 죄인 되었을 때에 그리스도께서 우리를 위하여 죽으심으로 하나님께서 우리에 대한 자기의 사랑을 확증하셨느니라."

- 예수님의 사랑은 생명을 내어주신 것으로 이보다 더 큰 사랑은 없다.
- 하나님의 사랑은 무조건적이며 영원한 사랑으로, 말로 표현할 수 없을 정도의 크신 사랑이다.

🔊 당신은 하나님에게서 이렇게 큰 사랑을 받고 있다는 사실에 어떻게 반응하고 있는가?

🔊 당신은 당신의 삶으로 하나님께 어떻게 헌신하고 싶은가?

4 누가복음 14장 27절 말씀이 주는 교훈을 말해보라.

"누구든지 자기 십자가를 지고 나를 따르지 않는 자도 능히 내 제자가 되지 못하리라."

🔊 주님이 우리 각자에게 요구하시는 십자가에는 어떤 것이 있는가?

🔊 주님이 요구하시는 십자가를 지고 따를 때 비로소 주님의 뜻을 이루어드리는 제자가 될 수 있다고 하셨다. 주님의 뜻을 이루어드리기 위해 당신은 어떤 노력을 하고 있는가?

> 천국에 가기 원하는 사람은 많으나 예수가 지신 십자가를 질 사람은 적다.
> 토마스 아 켐피스 성자라고 불리는 독일의 사상가이자 성직자

5 오늘 공부를 통해 느낀 점과 결단한 것을 나누어보라.

- 성구 암송   로마서 5:8, 히브리서 10:19
- 큐티   마태복음 5장 43-48절
- 독서 과제   『섬김』(배창돈, 필로)
- 생활 과제   예수님의 십자가를 생각하며 내 뜻을 굴복시키고 주님의 뜻을 따른 사례 적어오기
- 성경 읽기

예수님의 십자가는 모든 제자의 자랑이었다. 유명한 초대교부였던 터툴리안은 이렇게 말했다. "우리는 여행하는 동안 어디를 가든 무엇을 하든 이마에 십자가를 그었습니다. 소리를 내 십자가를 자랑할 수 없는 숨 막히는 환경이었기에 우리는 손으로 이마에 십자가를 그으며 십자가를 자랑했습니다. 십자가 앞에서 눈물도 많이 흘렸습니다. 주님이 원하실 때는 십자가 앞에서 우리 목숨도 아낌없이 내어 드렸습니다. 그 결과 불 속에 뛰어들었고, 짐승 앞으로도 달려갔으며, 가족을 빼앗기는 고통을 감수하면서도 십자가를 자랑했습니다." 십자가를 볼 때마다 모든 성도는 "다 이루었다"고 하시는 주님의 사랑의 음성을 들어야 한다.

11과

부활

도입

예수님을 믿는다는 것은 예수님의 부활을 믿는 것이다. 부활은 모든 그리스도인을 움직이는 힘이라고 할 수 있다. 어두움으로 가득한 세상에서 사람들의 마음을 가장 확실하게 붙잡는 것은 바로 예수님의 부활이다. 예수님의 제자들이 거칠 것 없이 복음을 전할 수 있었던 것은 살아계신 주님이 그들을 도우시는 것을 경험했기 때문이다. 모든 성도에게 "내가 세상 끝날까지 너희와 항상 함께 있으리라"고 하신 주님은 오늘도 우리와 함께하신다. 그리고 영원히 함께하실 것이다. 부활은 성도의 내일을 보장해주는 가장 확실한 약속이기 때문이다.

적용

1 고린도전서 15장 3-4절에 나오는 예수님의 부활은 어떤 사건인가?

"³내가 받은 것을 먼저 너희에게 전하였노니 이는 성경대로 그리스도께서 우리 죄를 위하여 죽으시고 ⁴장사 지낸 바 되셨다가 성경대로 사흘 만에 다시 살아나사."

- 예수님의 부활은 성경대로 이루어진 사건이다.
- 부활은 하나님의 계획에 따라 그대로 이루어진 사건이다.

2 고린도전서 15장 4-8절에서 예수님의 부활이 얼마나 확실한 것인지 살펴보자.

"[4]장사 지낸 바 되셨다가 성경대로 사흘 만에 다시 살아나사 [5]게바에게 보이시고 후에 열두 제자에게와 [6]그 후에 오백여 형제에게 일시에 보이셨나니 그 중에 지금까지 대다수는 살아 있고 어떤 사람은 잠들었으며 [7]그 후에 야고보에게 보이셨으며 그 후에 모든 사도에게와 [8]맨 나중에 만삭되지 못하여 난 자 같은 내게도 보이셨느니라."

1 예수님의 부활이 실제 사건임을 어떻게 알 수 있는가?

- 예수님이 부활하신 것을 많은 사람이 보았다.

🔊 부활을 본 사람들을 열거해보라.

- 베드로(게바), 열두 제자, 오백여 형제, 야고보, 사도 바울

2 어떤 사건을 확증하기 위해 필요한 증인은 몇 명인가?(신 19:15)

"사람의 모든 악에 관하여 또한 모든 죄에 관하여는 한 증인으로만 정할 것이 아니요 두 증인의 입으로나 또는 세 증인의 입으로 그 사건을 확정할 것이며."

- 두세 명의 증인이 있으면 사실로 확정된다.

🔊 예수님의 부활에 대해 이렇게 많은 증인이 있음에도 믿지 않으면 어떻게 될까?

3 고린도전서 15장 35-38절이 주는 교훈을 말해보라.

"[35]누가 묻기를 죽은 자들이 어떻게 다시 살아나며 어떠한 몸으로 오느냐 하리니 [36]어리석은 자여 네가 뿌리는 씨가 죽지 않으면 살아나지 못하겠고 [37]또 네가 뿌리는 것은 장래의 형체를 뿌리는 것이 아니요 다만 밀이나 다른 것의 알맹이 뿐이로되 [38]하나님이 그 뜻대로 그에게 형체를 주시되 각 종자에게 그 형체를 주시느니라."

1 내용을 알기 쉽게 정리해보라.

2 이 말씀은 부활을 어떻게 설명하고 있는가?

- 창조 원리를 통해 부활이 있음을 설명하고 있다.

3 본문의 핵심 내용을 두 가지로 요약해보라.

① 땅에 심어진 씨가 죽어야 싹이 나듯 사람이 죽어야 다시 사는 일이 가능하다.

② 땅에 심어진 씨가 다른 모습으로 나타나는 것처럼 부활한 몸은 다른 성질의 몸인 것을 말하고 있다.

> 인간 역사에서 하나님이 우리에게 보여주신 것 가운데 그리스도가 부활하셨다는 사실보다 더 분명하고 완전하게 이해할 수 있는 사실을 나는 보지 못했다.
>
> 토마스 아놀드 옥스퍼드 대학교 교수이자 역사학자

4 예수님의 부활은 우리와 어떤 관계가 있는가?

1 로마서 14:9

"이를 위하여 그리스도께서 죽었다가 다시 살아나셨으니 곧 죽은 자와 산 자의 주가 되려 하심이라."

- 예수님은 부활하셔서 죽은 사람만 아니라 살아 있는 사람의 주님이 되셨다.
- 우리는 부활하여 살아계신 주님을 언제나 모시고 살게 되었다.

🔊 살아계신 주님을 마음에 모시고 살면 삶이 어떻게 달라질까? 자신에게 적용해 말해보라.

2 고린도전서 15:20

"그러나 이제 그리스도께서 죽은 자 가운데서 다시 살아나사 잠자는 자들의 첫 열매가 되셨도다."

- 예수님이 부활의 첫 열매가 되셨다.
- 첫 열매는 앞으로 계속해서 열매가 열릴 것을 보증하는 것이다.
- 예수님의 부활은 성도들의 부활을 보증하는 대사건이라고 할 수 있다.

🔊 당신은 부활을 확신하는가?

5 부활의 확신을 가진 자들의 삶이 어떻게 달라졌는지 다음 성구들에서 살펴보자.

1 고린도전서 15:10

"그러나 내가 나 된 것은 하나님의 은혜로 된 것이니 내게 주신 그의 은혜가 헛되지 아니하여 내가 모든 사도보다 더 많이 수고하였으나 내가 한 것이 아니요 오직 나와 함께 하신 하나님의 은혜로라."

- 예수님의 부활을 눈으로 확인한 사도 바울은 부활의 감격을 품고 은혜 가운데 열심히 전도했다.
- 부활 신앙을 가진 자들은 죽음이 두렵지 않았다. 죽음을 두려워하지 않고 부활의 증인이 되기 위해 어디든지 달려갔다.

🔊 당신은 증인의 삶을 살기 위해 얼마나 수고하고 있는가?

2 마가복음 16:20

"제자들이 나가 두루 전파할 새 주께서 함께 역사하사 그 따르는 표적으로 말씀을 확실히 증언하시니라."

- 부활의 주님을 만난 제자들은 더는 겁쟁이가 아니었다. 그들은 강하고 담대한 사람들이 되어 복음을 전했다. 부활의 신앙을 가지고 나가는 현장에 주님은 그들과 함께하시고 역사하셨다.

🔊 당신은 아직도 전도에 두려움을 느끼는가? 그렇다면 무엇이 문제라고 생각하는가?

6 부활의 신앙을 소유한 우리는 어떤 자세를 가져야 할까?

1 고린도전서 15장 57절

"우리 주 예수 그리스도로 말미암아 우리에게 승리를 주시는 하나님께 감사하노니."

🔊 당신은 예수님 안에서 승리자인 것을 확신하는가?

- 죄에서 승리하고, 죽음에서 승리하게 하신 주님을 모시고 살면 어떤 문제에 대해서도 승리할 수 있다.
- 염려되고 걱정스런 문제가 있으면 주님을 모시고 나아가라. 그러면 반드시 승리할 것이다.

2 고린도전서 15장 58절

"그러므로 내 사랑하는 형제들아 견실하며 흔들리지 말고 항상 주의 일에 더욱 힘쓰는 자들이 되라 이는 너희 수고가 주 안에서 헛되지 않은 줄 앎이라."

- 주님을 향한 수고가 결코 헛되지 않음을 알고 흔들리지 말아야 한다.
- 부활하신 주님과 함께할 때 언제나 승리하기에 어떤 상황에서도 흔들릴 이유가 없다.

🔊 당신이 현재 하고 있는 사역 가운데 흔들림 없이 인내하며 감당해야 할 것이 있다면 무엇인가?

7 오늘 공부를 통해 느낀 점과 결단한 것을 나누어보라.

- 성구 암송   로마서 14:9, 고린도전서 15:20
- 큐티   사도행전 20:7-12
- 독서 과제   『부활의 증거』(노먼 앤더슨, IVP 역간)
- 생활 과제   한 사람에게 부활하신 예수님을 전하고 결과 써오기
- 성경 읽기

사람들이 부활을 믿지 못하는 이유는 초자연적인 일이 일어날 수 없다고 생각하기 때문이다. 이런 사람들은 확실한 증거가 있어야만 믿으려고 한다. 그래서 프랭크 모리슨이 부활을 반박하기 위한 책을 쓰기로 마음먹었다. 그러나 부활에 관한 반박 자료를 수집하던 중 자신이 반박하려는 부활이 사실임을 알고 오히려 부활이 진리라는 것을 변호하는 책『누가 돌을 옮겼는가?』(생명의 말씀사 역간)라는 책을 쓰게 된다. 부활은 연구하면 할수록 더욱 분명해진다. 사람들은 일반적인 상식과 경험의 범위 안에서만 생각한다. 그러나 하나님은 인간의 지식과 경험을 초월하여 일하시는 분이다.

12과

성령

도입

하나님은 예수 그리스도가 승천하신 후 성령을 보내주셨다. 성령은 교회를 도우시고 성도를 도우신다. 성령에 대한 견해는 다양하지만 이 부분에 대해서는 서로의 견해를 존중해주며 성경의 입장을 견지하는 것이 좋다. 이 시간 성령에 대해 공부하며 우리의 연약한 부분들을 성령의 도우심으로 해결받는 시간이 되도록 하자.

적용

1 사도행전 13장 2-3절에서 성령의 활동에 대해 알아보자.

"²주를 섬겨 금식할 때에 성령이 이르시되 내가 불러 시키는 일을 위하여 바나바와 사울을 따로 세우라 하시니 ³이에 금식하며 기도하고 두 사람에게 안수하여 보내니라."

• 성령은 바나바와 바울을 따로 세워 제1차 전도여행을 하게 하셨다.

🔊 성령이 하시는 일에 대해 말해보라.
- 사역자를 세울 때 성령이 간섭하신다.
- 성령이 선교 사역의 주역이심을 알 수 있다.
- 성령의 인도하심을 외면하면 전도의 열매를 맺을 수 없다.

🔊 당신은 성령의 인도에 민감하게 반응하는가?

2 에베소서 4장 30절을 읽고 아래 물음들에 답하라.

"하나님의 성령을 근심하게 하지 말라 그 안에서 너희가 구원의 날까지 인치심을 받았느니라."

1 성령이 근심하신다는 것은 무엇을 의미하는가?
- 성령은 인격이시기 때문에 근심하신다.

2 성령이 근심하시는 이유가 무엇이라고 생각하는가?
- 우리가 성령의 인도를 받지 않을 때 성령은 근심하신다.
- 성령을 무시하고 사는 것은 성령을 근심하게 하는 것이다.

🔊 지금 당신에게 성령을 근심하게 하는 일이 있다면 무엇인가?
🔊 성령을 근심하게 하면 그 결과는 어떨 것이라 생각하는가?
- 우리는 성령을 기쁘시게 하는 사람이 되어야 한다.

3 성령이 인치셨다는 것은 어떤 의미인가?
- 소유로 삼으셨다, 보증하신다는 의미다.
- 성령이 우리를 하나님의 자녀로 보증해주셨다.

3 요한복음 3장 5-6절에서 구원과 성령과의 관계를 말해보라.

"⁵예수께서 대답하시되 진실로 진실로 네게 이르노니 사람이 물과 성령으로 나지 아니하면 하나님의 나라에 들어갈 수 없느니라 ⁶육으로 난 것은 육이요 영으로 난 것은 영이니."

- "물과 성령"으로라는 말은 '거듭남'에 대한 구체적인 설명으로, 물에 관해서는 여러 가지 견해가 있으나 성령으로 거듭난다는 것을 강조하는 것이다.
- 구원은 성령의 사역이다. 우리가 예수 믿고 하나님의 자녀가 된 것은 성령이 하신 일이다.

🔊 내가 믿어서 구원받은 것이 아니라 성령이 믿게 하셔서 믿고 구원받았다는 사실에 대해 느낀 점을 말해보라.

4 다음 성구들을 읽고 느낀 점을 말해보라.

1 로마서 8:9

"만일 너희 속에 하나님의 영이 거하시면 너희가 육신에 있지 아니하고 영에 있나니 누구든지 그리스도의 영이 없으면 그리스도의 사람이 아니라."

- 성도는 성령을 모시고 사는 사람이다. 그러므로 성령의 지배를 받아야 한다.
- 예수 그리스도를 믿는 자에게는 성령이 함께하신다.

2 고린도전서 3:16

"너희는 너희가 하나님의 성전인 것과 하나님의 성령이 너희 안에 계시는 것을 알지 못하느냐."

- 우리 몸은 성령이 거하시는 곳이다.

🔊 당신은 자신이 성령을 모시고 사는 성전임을 인식하고 있는가? 그 사실을 깨닫고 변화된 삶의 모습이 있다면 무엇인가?

🔊 내 안에 성령이 계시다는 것을 늘 인식하고 살면 삶이 어떻게 달라질까?

3 요한복음 16:7-8

"⁷그러나 내가 너희에게 실상을 말하노니 내가 떠나가는 것이 너희에게 유익이라 내가 떠나가지 아니하면 보혜사가 너희에게로 오시지 아니할 것이요 가면 내가 그를 너희에게로 보내리니 ⁸그가 와서 죄에 대하여, 의에 대하여, 심판에 대하여 세상을 책망하시리라."

- 보혜사는 보호자, 위로자, 돕는 자, 상담자라는 의미다.
- 성령은 우리의 보호자이실 뿐 아니라 죄를 깨닫게 해주신다.
- 성령은 감시자가 아니라 보호자로 우리 안에 거하신다. 죄를 깨닫게 하시는 것도 우리를 보호하시기 위함이다.

🔊 성령의 음성을 듣고 죄를 깨달아 돌이킨 경험이 있으면 말해보라.

5 에베소서 5장 18-20절이 주는 교훈을 살펴보자.

"¹⁸술 취하지 말라 이는 방탕한 것이니 오직 성령으로 충만함을 받으라 ¹⁹시와 찬송과 신령한 노래들로 서로 화답하며 너희의 마음으로 주께 노래하며 찬송하며 ²⁰범사에 우리 주 예수 그리스도의 이름으로 항상 아버지 하나님께 감사하며."

1 내용을 알기 쉽게 정리해보라.

술 취하지 마라. 이는 방탕한 삶이기 때문이다. 성령으로 충만하기 위해 힘쓰고, 시와 찬미와 영적인 노래를 부르며, 마음으로 주님께 찬송하고, 그리스도의 이름으로 하나님 아버지께 항상 감사하라.

2 성령 충만이 무엇인지 아는 대로 말해보라.

- 내 감정과 의지를 성령께 온전히 굴복시키고 성령의 인도하심에 온전히 순종하는 상태를 말한다.

3 성령 충만을 술 취하는 것과 대조한 이유는 무엇이라고 생각하는가?

- 성령의 전적인 인도를 받으면 하나님께 감사하고 찬양하는 영적인 사람이 되지만, 술에 취하면 성령 충만과 정반대로 방탕하게 되어 온갖 죄를 범하기 때문이다.

- 술 취한 자는 무엇의 힘으로 움직이는가?
- 술 취한 자가 술의 지배를 받듯이 성도는 전적으로 성령의 지배를 받아야 한다.

4 19-20절에 나타난 성령 충만에 대해 말해보라.
- 시와 찬미의 영적인 노래를 부른다.
- 마음으로 주님을 찬송한다.
- 그리스도의 이름으로 하나님 아버지께 항상 감사한다.

🔊 당신에게 이런 성령 충만한 모습이 있는가? 그렇지 않다면 그 원인은 무엇이라고 생각하는가?

🔊 성령 충만을 위해 어떤 노력을 해야 한다고 생각하는가?

6 성령 충만이 중요한 이유를 갈라디아서 5장 16-17절에서 찾아보라.

"¹⁶내가 이르노니 너희는 성령을 따라 행하라 그리하면 육체의 욕심을 이루지 아니하리라 ¹⁷육체의 소욕은 성령을 거스르고 성령은 육체를 거스르나니 이 둘이 서로 대적함으로 너희가 원하는 것을 하지 못하게 하려 함이니라."

1 예수 믿은 후에도 갈등이 있는 이유는 무엇일까?
- 성령의 소욕과 육체의 소욕이 서로 대적하기 때문이다(육체의 소욕이란 타락한 본성에서 나오는 육체적인 욕망을 말한다).

🔊 어떤 일을 앞에 놓고 갈등하는 가장 큰 이유는 무엇인가?

🔊 어떤 기준으로 결정하는가?

2 육체의 소욕을 이기기 위해서는 어떻게 해야 하는가?(16절)
- 성령의 소욕을 따라가기만 하면 육체의 소욕은 자연히 소멸된다.

7 성령을 통해 나타나는 열매에 대해 다음 성구들을 읽고 말해보라.

1 갈라디아서 5:22-23

"²²오직 성령의 열매는 사랑과 희락과 화평과 오래 참음과 자비와 양선과 충성과 ²³ 온유와 절제니 이같은 것을 금지할 법이 없느니라."

- 성령의 열매는 성품을 변화시키는 인격의 열매로 나타난다.

🔊 내게 아직 변화되지 못한 것이 있다면 무엇인지 찾아보고 그 해결책을 말해보자.

2 사도행전 4:31

"빌기를 다하매 모인 곳이 진동하더니 무리가 다 성령이 충만하여 담대히 하나님의 말씀을 전하니라."

- 성령 충만한 자는 담대히 복음을 전할 수 있다.

🔊 당신은 성령 충만한 전도자가 되기 위해 어떤 노력을 하고 있는가?

- 성령 충만을 위해 기도해야 한다.

> 성령이 우리 속에 내주하셔서 죄악이 우리를 지배하지 못하게 하시고, 거룩하고 의로운 열매를 맺게 하신다.
> **아더 핑크** 로이드 존스, 캠벨 몰간과 함께 말씀의 대사역자로 손꼽히는 영국 목사

8 하나님이 성령의 은사를 주신 이유가 무엇인지 베드로전서 4장 10절에서 살펴보라.

"각각 은사를 받은 대로 하나님의 여러 가지 은혜를 맡은 선한 청지기 같이 서로 봉사하라."

- 우리는 착한 종처럼 우리 몸을 봉사하는 일에 사용해야 한다.
- 은사는 자기의 유익과 자랑을 위한 것이 아니라 받은 은사로 서로 봉사하며 그리스도의 몸인 교회를 세우기 위함이다.
- 은사의 목적은 교회 공동체의 유익을 위함이다.

🔊 성령이 주신 은사를 어떻게 사용하고 있는지 말해보자.

9 오늘 공부를 통해 느낀 점을 나누어보라.

- 성구 암송　고린도전서 2:12, 6:19
- 큐티　　　로마서 8:15-17
- 독서 과제　『성령 충만』(찰스 허멜, IVP 역간)
- 생활 과제　한 주간 성령의 소욕과 육체의 소욕 사이의 갈등을 어떻게 이겼는지 구체적인 사례 써오기/ 매일 한 번씩 배우자를 칭찬하기
- 성경 읽기

지난 세기 동안 하나님이 사용하신 사람들은 성령 충만한 사람들이었다. 미국의 부흥사 찰스 피니, 드와이트 무디, 요한 웨슬리는 복음을 전할 때마다 많은 사람이 회개하고 예수님을 구주로 영접했다. 능력 있는 전도의 사람이 되려거든 성령 충만을 사모해야 한다. 성령 충만을 사모하는 자는 영혼을 구원하는 사역에 쓰임받는다. 오늘도 성령은 우리 안에 계셔서 도우시고, 모든 것을 가르치시며, 말씀을 생각나게 하신다.

13과 거룩한 삶

도입

성도는 구별된 자들이기에 삶과 인격도 세상 사람들과는 분명히 달라야 한다. 성령은 거듭난 성도들을 말씀으로 새롭게 하시고 선을 추구하도록 도우신다. 그러므로 성령의 인도를 따라 구별된 자의 삶을 살아야 한다. 이 땅에서 거룩함을 완전히 이룰 수는 없지만 하나님의 자녀 된 자로서 자부심을 가지고 끊임없이 거룩함을 추구해야 한다.

적용

1 하나님의 자녀 된 우리를 향한 요구를 로마서 6장 6절에서 살펴보자.

"우리가 알거니와 우리의 옛 사람이 예수와 함께 십자가에 못 박힌 것은 죄의 몸이 죽어 다시는 우리가 죄에게 종 노릇 하지 아니하려 함이니."

1 성도는 왜 거룩하게 살아야 하는가?

• 예수님이 십자가에 못 박혀 죽으심으로 우리의 옛 사람도 예수님과 함께 십자가에 못 박혔기 때문이다.

🔊 예수님이 나의 죄를 짊어지시고 십자가에 못 박혀 죽으신 것을 믿는가?

2 옛 사람을 십자가에 못 박은 우리는 어떤 삶을 살아야 할까?

• 옛 사람처럼 죄의 노예가 되어 살면 안 된다.

🔊 거룩한 삶을 살기 위해 노력하는 것이 있으면 나누어보라.
🔊 아직 버리지 못한 옛 사람의 모습이 있다면 무엇인가?

2 로마서 8장 12-14절이 주는 교훈을 살펴보자.

"¹²그러므로 형제들아 우리가 빚진 자로되 육신에게 져서 육신대로 살 것이 아니니라 ¹³너희가 육신대로 살면 반드시 죽을 것이로되 영으로써 몸의 행실을 죽이면 살리니 ¹⁴무릇 하나님의 영으로 인도함을 받는 사람은 곧 하나님의 아들이라."

1 내용을 알기 쉽게 정리해보라.

우리는 빚진 자들로서 죄의 본성에 따라 살면 안 된다. 죄의 본성대로 살면 반드시 죽을 것이지만, 성령으로 몸의 행실을 죽이면 살 것이다. 하나님의 영으로 인도함을 받는 자는 하나님의 아들이기 때문이다.

2 우리가 진 빚은 무엇인가?

• 주님은 엄청난 희생으로 우리를 구원하셨다. 우리는 사랑의 빚을 졌다.

🔊 빚진 자의 마음은 어떤 마음일지 말해보라.
🔊 주님 앞에서도 이런 빚진 자의 마음이 있는가?

3 우리가 성령의 인도를 받아 악한 일에서 벗어나야 하는 이유는 무엇인가?

- 우리는 하나님의 자녀기 때문이다.
- 하나님의 자녀 된 신분에 걸맞는 성결한 삶을 살아야 한다.

3 데살로니가전서 4장 7-8절이 의미하는 바를 살펴보자.

"⁷하나님이 우리를 부르심은 부정하게 하심이 아니요 거룩하게 하심이니 ⁸그러므로 저버리는 자는 사람을 저버림이 아니요 너희에게 그의 성령을 주신 하나님을 저버림이니라"(살전 4:7-8).

1 하나님이 우리를 부르신 목적은 무엇인가?

- 거룩하게 하시려고 우리를 부르셨다.
- 우리는 하나님이 구별해서 부르신 자다.

🔊 하나님이 본래 죄 가운데 살던 우리를 부르셔서 거룩하게 하셨다는 사실에 어떤 생각이 드는가?

2 "거룩"의 의미는 무엇인가?(고후 6:17)

"그러므로 너희는 그들 중에서 나와서 따로 있고 부정한 것을 만지지 말라 내가 너희를 영접하여."

- "나와서 따로 있고"라는 말은 '구별되었다'는 의미다.
- '거룩'이란 '구별된 자로 살도록 불러주셨다'는 뜻이다.

4 베드로전서 1장 15절에서 하나님의 뜻을 살펴보라.

"오직 너희를 부르신 거룩한 이처럼 너희도 모든 행실에 거룩한 자가 되라."

1 거룩의 기준은 누구인가?

- 우리를 부르신 하나님이시다.

🔊 거룩의 기준이 하나님께 있다는 사실에서 어떤 생각이 드는지 말해보라.

- 하나님이 우리의 삶이 거룩하기를 얼마나 간절히 원하시는지 알 수 있다.

2 하나님이 요구하시는 거룩의 범위는 어느 정도인가?

- 모든 행실에서 거룩해야 한다.

🔊 삶과 인격에서 아직 거룩한 자답게 살지 못하는 모습을 생각나는 대로 말해보라.

5 거룩한 자가 추구해야 할 삶의 자세에 대해 살펴보자.

1 고린도후서 7장 1절

"그런즉 사랑하는 자들아 이 약속을 가진 우리는 하나님을 두려워하는 가운데서 거룩함을 온전히 이루어 육과 영의 온갖 더러운 것에서 자신을 깨끗하게 하자."

- 여기서 말하는 "약속"은 고린도후서 6장 14-18절의 내용으로, 우리를 하나님의 자녀로 삼아주신 것과 우리가 하나님의 성전이 되었다는 말씀이다. 우리는 거룩한 자다. 그러므로 거룩한 자답게 거룩하게 살아야 한다. 거룩한 자가 거룩하게 사는 것은 지극히 당연한 것이며, 신분에 대한 자긍심의 표출이다.
- 하나님을 두려워하는 가운데 구별된 자의 삶을 살기 때문에 자신을 깨끗하게 해야 한다.
- 하나님을 두려워한다는 것은 하나님이 임재하고 계심을 느낄 때 나타나는 경외심을 말한다.
- 하나님을 두려워할 때 거룩한 삶을 추구하게 된다.

🔊 하나님을 두려워하여 더러운 것에서 자신을 깨끗하게 한 경험이 있으면 말해보라.

2 베드로전서 1장 22절

"너희가 진리를 순종함으로 너희 영혼을 깨끗하게 하여 거짓이 없이 형제를 사랑하기에 이르렀으니 마음으로 뜨겁게 서로 사랑하라."

- 우리는 복음의 진리에 순종함으로 죄를 용서받고 영혼이 깨끗하게 되었다. 우리 안에 계신 성령의 도우심으로 서로를 사랑할 수 있게 되었다. 그러므로 우리는 서로를 더욱 깊이 사랑해야 한다. 그리스도가 우리를 위해 자신을 내어주신 것처럼 우리도 서로 사랑해야 한다.

🔊 불화와 미움 등 다른 지체와 불편한 관계가 지속되고 있다면 말씀에 비추어 무엇을 순종해야 하는지 찾고 나누어보라.

- 하나님 말씀에 순종할 때 거룩함을 더욱 추구하게 되고 형제를 사랑하게 된다.

6 데살로니가전서 4장 1-6절에서 그리스도인의 거룩한 삶에 대해 살펴보자.

"¹그러므로 형제들아 우리가 끝으로 주 예수 안에서 너희에게 구하고 권면하노니 너희가 마땅히 어떻게 행하며 하나님을 기쁘시게 할 수 있는지를 우리에게 배웠으니 곧 너희가 행하는 바라 더욱 많이 힘쓰라 ²우리가 주 예수로 말미암아 너희에게 무슨 명령으로 준 것을 너희가 아느니라 ³하나님의 뜻은 이것이니 너희의 거룩함이라 곧 음란을 버리고 ⁴각각 거룩함과 존귀함으로 자기의 아내 대할 줄을 알고 ⁵하나님을 모르는 이방인과 같이 색욕을 따르지 말고 ⁶이 일에 분수를 넘어서 형제를 해하지 말라 이는 우리가 너희에게 미리 말하고 증언한 것과 같이 이 모든 일에 주께서 신원하여 주심이라."

1 그리스도인이 힘써야 할 것은 무엇인가?

- 하나님을 기쁘시게 해드리기 위해 힘써야 한다.

🔊 당신이 하나님을 기쁘시게 해드리기 위해 힘쓰고 있는 것은 무엇인가?

2 하나님의 뜻인 거룩한 삶을 살기 위해 지켜야 할 것은 무엇인지 말해보라.

- 순결하게 사는 것
- 거룩하고 존귀한 마음으로 아내를 사랑하는 것(가정을 잘 지킬 것)
- 불신자처럼 정욕에 따라 몸을 사용하지 않는 것

3 거룩한 삶을 살지 못하면 어떤 결과를 맺게 되는가?

- 형제에게 해를 끼친다. 주님이 신원해주신다.
- 신원해주신다는 것은 '죄에 대해 반드시 벌하신다는 것'이다.

🔊 이 말씀에서 느낀 점을 말해보라.

7 요한1서 3장 2-3절에서 주님을 만날 날을 준비하는 자세에 대해 살펴보자.

"²사랑하는 자들아 우리가 지금은 하나님의 자녀라 장래에 어떻게 될지는 아직 나타나지 아니하였으나 그가 나타나시면 우리가 그와 같을 줄을 아는 것은 그의 참모습 그대로 볼 것이기 때문이니 ³주를 향하여 이 소망을 가진 자마다 그의 깨끗하심과 같이 자기를 깨끗하게 하느니라."

1 2절을 읽고 느낀 점을 말해보라.

- 주님이 재림하실 때 우리는 주님과 같아질 것이다.

🔊 주님을 뵙는 날에 우리가 주님과 같이 된다는 말씀에서 어떤 생각이 드는가?

2 3절은 우리가 가져야 할 자세에 대해 무엇이라고 말씀하는가?

- 주님을 만나 뵐 그날을 소망하는 자는 이 땅에서 깨끗한 삶을 살아야 한다.

8 오늘 공부를 통해 느낀 점과 결단한 것을 나누어보라.

- 성구 암송　데살로니가전서 4:7, 베드로전서 1:15
- 큐티　에베소서 4:25-32
- 독서 과제　『내 마음의 과일나무』(엘리사 모건, IVP 역간)
- 생활 과제　한 주간 동안 거룩한 삶을 살기 위해 노력한 것을 구체적으로 기록하고 느낀 점 적어오기
- 성경 읽기

　히브리어 '카다쉬'와 헬라어 '하기오스'라는 단어는 모두 '특별한 목적을 위해 구별해놓은 것'을 뜻한다. 이 단어들은 '성화'라는 의미로 사용된다. 성화란 악한 것에서 분리된 성도들이 거룩한 모습으로 변화되어가는 것을 말한다. 성화는 그리스도를 믿음으로 거룩하게 된 성도들이 그리스도를 닮기를 간절히 원하며 성장해가는 것이다. 그리스도인은 거룩한 사람이다. 거룩한 삶은 정상적인 그리스도인이 마땅히 살아야 할 삶이다. 그러므로 우리는 거룩한 자라는 자부심을 가지고 거룩함을 추구해나가야 한다. 그러나 주님이 오시기 전까지 우리는 온전해질 수 없다. 예수님을 만날 때에야 그분처럼 완전해질 수 있다.

14과

재림

도입

예수님의 재림은 말씀대로 이루어질 것이고 날마다 가까워지고 있다. 성경학자들은 성경에 재림에 대한 예언이 1,518번이나 기록되어 있다고 한다. 이는 재림이 얼마나 중요한지를 단적으로 보여주는 것이다. 예수님의 재림을 사모하고 살면 죄의 유혹과 핍박에서 자신을 지킬 수 있을 뿐 아니라 풍성한 삶의 열매를 맺어 주님께 칭찬을 받을 것이다. 이 땅에서 주님을 사랑하고 그분 뜻대로 사는 것이야말로 재림을 가장 확실하게 준비하는 삶이라고 할 수 있다. 우리는 얼마나 재림을 준비하며 살고 있는지 우리의 신앙을 점검해보자.

적용

1 성경은 재림에 대해 어떻게 말씀하고 있는지 살펴보자.

1 데살로니가전서 5장 2절

"주의 날이 밤에 도둑 같이 이를 줄을 너희 자신이 자세히 알기 때문이라."

🔊 주의 날이 도둑같이 임한다는 것은 무슨 의미인가?

- 주의 날이 한밤중의 도둑같이 임한다는 것은 주님이 언제 오실지 알 수 없다는 뜻이다.
- 도둑에 대한 대비를 항상 해야 하듯 주님 오실 날에 대한 준비를 철저히 하고 살아야 한다.
- 주님을 맞을 준비가 이미 끝나 있어야 한다는 말씀이다(도둑에 대한 대비를 미룰 수 없는 것처럼).

🔊 주님이 오늘 오신다면 당신은 어떤 반응을 보이겠는가?

2 마태복음 24장 36절

"그러나 그 날과 그 때는 아무도 모르나니 하늘의 천사들도, 아들도 모르고 오직 아버지만 아시느니라."

- 재림의 때는 아무도 모르고 오직 하나님만 아신다.
- 재림이 하나님의 권한에 달린 문제임을 말씀하시는 것이다.

🔊 당신은 재림이 늦추어지기를 원하는가?

- 우리는 재림의 시기에 대해 그 어떤 권한도 없음을 알아야 한다.

🔊 하나님은 재림의 날과 때를 왜 비밀로 하셨을까?

- 우리가 항상 깨어 주님 맞을 준비를 하고 있기 원하시는 그분의 마음을 알 수 있다.

3 마태복음 24장 14절

"이 천국 복음이 모든 민족에게 증언되기 위하여 온 세상에 전파되리니 그제야 끝이 오리라."

- 주의 날이 오기 전에 복음이 온 세상에 전파되어야 한다는 의미로 받아들일 수 있다.
- 말세에 핍박과 미혹이 많아져도 더욱 복음 전파에 힘써야 하는 이유는 다시 오실 주님을 기쁘게 맞이하기 위해서다.
- 주의 재림에 대한 소망은 복음 전파에 힘써야 할 이유가 되기도 한다.
- 재림을 간절히 기다리는 사람일수록 복음 전파에 힘쓰게 된다.

🔊 당신은 이전보다 더 열심히 복음을 전하고 있는가? 그렇지 못하다면 그 이유가 무엇인가?

2 다음 성구들을 읽고 예수님이 이땅에 어떻게 오실 것인지 알아보자.

1 마가복음 13장 26절

"그 때에 인자가 구름을 타고 큰 권능과 영광으로 오는 것을 사람들이 보리라."

- 예수님은 큰 능력과 영광으로 구름을 타고 오실 것이다.
- 사람들이 볼 수 있게 오신다.

🔊 당신은 이 사건이 반드시 일어날 것을 조금도 의심 없이 믿는가?

2 요한계시록 1장 7절

"볼지어다 그가 구름을 타고 오시리라 각 사람의 눈이 그를 보겠고 그를 찌른 자들도 볼 것이요 땅에 있는 모든 족속이 그로 말미암아 애곡하리니 그러하리라 아멘."

- 주님의 재림은 모든 사람이 보는 가운데 공개적으로 이루어지리라는 말씀이다.
- 재림은 믿는 자나 믿지 않는 자 모두에게 임하는 사건이다.
- 모든 족속이 애곡한다는 것은 믿지 않는 자들이 받을 무서운 심판에 대한 두려움 때문이다.

3 재림의 목적에 대해 살펴보자.

1 마태복음 16장 27절

"인자가 아버지의 영광으로 그 천사들과 함께 오리니 그 때에 각 사람이 행한 대로 갚으리라."

- 예수님의 재림은 믿는 자들에게는 보상의 시간이라고 할 수 있다. 우리의 행위대로 갚아주시기 때문이다.
- 예수님의 재림은 믿음의 사람들이 기대하고 사모해야 할 시간이다.

🔊 당신에게는 주님의 재림에 대한 기대감이 있는가?
🔊 행한 대로 갚아주신다는 말씀에서 어떤 생각이 드는지 말해보라.

2 골로새서 3장 4절

"우리 생명이신 그리스도께서 나타나실 그 때에 너희도 그와 함께 영광 중에 나타나리라."

- 주님의 재림으로 성도들은 주님과 함께 영광 가운데 거하게 된다.

4 데살로니가전서 4장 13-18절을 읽고 다음 물음에 답하라.

"¹³형제들아 자는 자들에 관하여는 너희가 알지 못함을 우리가 원하지 아니하노니 이는 소망 없는 다른 이와 같이 슬퍼하지 않게 하려 함이라 ¹⁴우리가 예수께서 죽으셨다가 다시 살아나심을 믿을진대 이와 같이 예수 안에서 자는 자들도 하나님이 그와 함께 데리고 오시리라 ¹⁵우리가 주의 말씀으로 너희에게 이것을 말하노니 주께서 강림하실 때까지 우리 살아 남아 있는 자도 자는 자보다 결코 앞서지 못하리라 ¹⁶주께서 호령과 천사장의 소리와 하나님의 나팔 소리로 친히 하늘로부터 강림하시리니 그리스도 안에서 죽은 자들이 먼저 일어나고 ¹⁷그 후에 우리 살아남은 자들도 그들과 함께 구름 속으로 끌어 올려 공중에서 주를 영접하게 하시리니 그리하여 우리가 항상 주와 함께 있으리라 ¹⁸그러므로 이러한 말로 서로 위로하라."

1 당신은 예수님을 믿기 전 죽음에 대해 어떻게 생각했는가? (13절)

🔊 자신의 생각을 솔직하게 말해보라.

- 대부분 불신자는 죽음을 삶의 끝이라고 생각하기에 절망하고 슬퍼한다.

2 예수님의 부활은 우리에게 어떤 결과를 가져왔는가? (14절)

- 예수님의 부활은 우리에게 부활이 있음을 알려주신 사건이다.

3 예수님의 재림 때 이미 세상을 떠난 성도들과 살아있는 성도들에게 어떤 일이 일어나는가? (16-18절)

- 예수님을 믿고 죽은 자들이 먼저 부활하고, 그때까지 살아있는 성도들은 구름 속으로 끌어올려져 하늘에서 주님을 만나게 될 것이다.

4 당신은 이 말씀을 통해 어떤 위로를 받는가?

- 죽은 자들에 대해 지나치게 염려하던 데살로니가 교인들에게 그들이 영광스러운 재림에 참여할 것임을 말씀하고 있다.
- 죽음에 대한 두려움에서 벗어날 수 있다.
- 이미 세상을 떠난 사람들을 다시 만날 것이라는 기대감을 갖게 되었다.

🔊 재림을 확신한 후에 달라진 것이 있으면 말해보라.

5 재림에 대한 예수님의 마음을 알아보자.

1 요한계시록 22장 7절

"보라 내가 속히 오리니 이 두루마리의 예언의 말씀을 지키는 자는 복이 있으리라 하더라."

- 주님은 속히 오시려고 한다.
- 말씀을 지킨 자들에게 예수님의 재림은 복된 시간이 될 것이다.

🔊 당신은 말씀을 지키기 위해 얼마나 노력하고 있는가?

2 요한계시록 22장 12절

"보라 내가 속히 오리니 내가 줄 상이 내게 있어 각 사람에게 그가 행한 대로 갚아 주리라."

- 주님은 재림하셔서 상을 주신다.

🔊 당신은 주님께 상을 받으리라는 기대감이 있는가?
🔊 주님께 받을 상을 기대하고 살면 어떤 유익이 있을까?

3 요한계시록 22장 20절

"이것들을 증언하신 이가 이르시되 내가 진실로 속히 오리라 하시거늘 아멘 주 예수여 오시옵소서."

- 주님은 정말 속히 오길 원하신다.
- 주님의 재림을 사모하는 믿음이 좋은 믿음이라고 할 수 있다.
- 사도 요한은 주님의 재림을 간절히 사모했다.

🔊 당신도 사도 요한처럼 말할 수 있는가? 그렇지 않다면 그 이유가 무엇인가?

> 그리스도의 오심을 준비하는 가장 좋은 길은 그리스도의 임재를 절대 잊지 않는 것이다.
> 윌리엄 바클레이 주경신학자

6 오늘 공부를 통해 느낀 점과 결단한 것을 나누어보라.

- 성구 암송　　베드로후서 3:12, 요한계시록 22:7
- 큐티　　　　마태복음 24:36-39
- 독서 과제　『하나님이 상 주시는 삶』(브루스 윌킨슨·데이빗 콥, 디모데 역간)
- 생활 과제　주님의 재림을 공부한 후 달라진 삶에 대해 기록해오기
- 성경 읽기

기독교 역사상 가장 많은 사역을 한 사도 바울은 재림의 소망을 가지고 살았다. 우리는 바울을 보며 재림에 대한 기대와 소망을 가진 자는 삶의 열매가 많음을 알 수 있다. 재림의 소망을 가지고 살면 삶을 허비하거나 잘못된 길로 가지 않는다. 사도 바울은 성경 여러 곳에서 재림에 대한 기대감을 표현했다. 그는 살아서 계속 복음을 전하는 것과 죽어서 그리스도와 함께 있는 것 모두 중요하게 생각하지만, 둘 중 하나를 선택하라면 주님과 함께 있는 것이라고 말했다. 우리 모두 재림의 소망을 가지고 살아 예수님이 재림하실 때 두려움 없이 기쁨으로 맞이하도록 하자.

15과

순종

도입

하나님은 순종만 하면 모든 것을 다 들어주실 것처럼 말씀하신다. R. A. 토레이는 "권능은 하나님께 속해 있다. 우리가 하나님의 권능을 받을 수 있는 조건이 하나 있다. 그 조건은 바로 하나님께 대한 절대적인 순종이다"고 말했다. 이 시간 하나님께 왜 순종해야 하는지 공부해보기로 하자.

적용

1 하나님은 우리에게 순종을 요구하실 수 있는 분이라고 생각하는가? 출애굽기 19장 5절에서 알아보자.

"세계가 다 내게 속하였나니 너희가 내 말을 잘 듣고 내 언약을 지키면 너희는 모든 민족 중에서 내 소유가 되겠고."

- "세계가 다 내게 속하였나니"라는 말의 뜻은 하나님이 소유권을 가지고 계심을 선포한 것이다.

🔊 하나님의 소유는 어떤 가치가 있는가?
- 누가 소유했느냐에 따라 그 소유물의 가치가 결정된다. '소유'에 해당하는 히브리어 '세굴라'는 '아주 귀중한 소유물' '매우 값진 소유물'을 뜻한다.

🔊 인생의 가치를 인정받고 사는 방법은 무엇일까?
- 하나님 말씀을 잘 듣고 행하는 것이다(행 5:29).

2 하나님이 끈질기게 순종을 요구하시는 이유를 신명기 29장 9절에서 알아보자.

"그런즉 너희는 이 언약의 말씀을 지켜 행하라 그리하면 너희가 하는 모든 일이 형통하리라."

- 순종을 요구하시는 하나님은 형통의 복을 준비하고 계신다.

🔊 당신은 순종하라는 명령을 기쁘게 받는가? 아니면 부담스럽게 느껴져 피하고 싶은가?
- 하나님 말씀을 부지런히 지키는 자를 하나님이 형통하게 해주심을 믿어야 한다.

3 순종할 때 받는 복의 내용을 구체적으로 알아보자.

1 출애굽기 23:22

"네가 그의 목소리를 잘 청종하고 내 모든 말대로 행하면 내가 네 원수에게 원수가 되고 네 대적에게 대적이 될지라."

- 하나님은 순종하는 자의 편이 되셔서 원수를 완벽하게 대적해주신다.

🔊 하나님이 내 편이 되어주시고 원수를 해결해주시면 삶이 어떻게 달라지겠는가?

🔊 당신은 이런 경험을 하고 있는가? 그렇지 않다면 무엇이 문제인가?

2 베드로전서 1:22

"너희가 진리를 순종함으로 너희 영혼을 깨끗하게 하여 거짓이 없이 형제를 사랑하기에 이르렀으니 마음으로 뜨겁게 서로 사랑하라."

- 진리에 순종할 때 자신을 깨끗하게 하여 형제를 진심으로 사랑하게 된다.
- 순종하는 자가 좋은 인간관계를 갖게 되는데 이것은 그가 진심으로 형제를 사랑하기 때문이다.

🔊 잘못된 인간관계가 불순종과 연관되어 있다는 사실을 자신에게 비추어보고 느낀 점을 말해보라.

3 이사야 1:19

"너희가 즐겨 순종하면 땅의 아름다운 소산을 먹을 것이요."

- 하나님은 즐거운 마음으로 순종하는 자에게 아름다운 소산을 먹게 하신다.

🔊 범죄와 땅의 황폐화는 어떤 연관이 있는지 말해보라.

- 아담의 범죄: "땅이 네게 가시덤불과 엉겅퀴를 낼 것이라"(창 3:18).
- 가인이 동생 아벨을 살해: "네 밭을 갈아도 땅이 다시는 그 효력을 네게 주지 아니할 것이요"(창 4:12).
- 땅의 황폐화가 불순종과 연관이 있음을 보여준다.

4 신명기 28장 1-6절을 읽고 이 말씀이 주는 교훈을 말해보라.

"^{1}네가 네 하나님 여호와의 말씀을 삼가 듣고 내가 오늘 네게 명령하는 그의 모든 명령을 지켜 행하면 네 하나님 여호와께서 너를 세계 모든 민족 위에 뛰어나게 하실 것이라 ^{2}네가 네 하나님 여호와의 말씀을 청종하면 이 모든 복이 네게 임하며 네게 이르리니 ^{3}성읍에서도 복을 받고 들에서도 복을 받을 것이며 ^{4}네 몸의 자녀와 네 토지의 소산과 네 짐승의 새끼와 소와 양의 새끼가 복을 받을 것이며 ^{5}네 광주리와 떡 반죽 그릇이 복을 받을 것이며 ^{6}네가 들어와도 복을 받고 나가도 복을 받을 것이니라."

1 내용을 알기 쉽게 정리해보라.

2 한 사람의 순종은 가정이나 교회 그리고 국가에까지 영향을 끼친다. 당신이 순종하여 당신이 속한 공동체에 좋은 영향을 끼친 일이 있으면 나누어보라.

🔊 예수님의 순종 그리고 아담의 불순종이 맺은 결과에 대해 말해보라.

3 순종하여 복을 받은 경험이 있다면 나누어보라(2절).

- 하나님 말씀에 순종하는 자는 특별한 복을 구하지 않아도 하나님은 그가 생각하지 않은 것까지 주신다.

🔊 순종하기 힘든 환경이나 상황에서 순종하여 받은 복이 있다면 나누어보라.

4 3-6절에서 순종하는 자에 대한 하나님의 마음을 알 수 있다. 느낀 점을 말해보라.

- 하나님은 순종하는 자에게는 그가 가는 곳마다 따라다니며 복을 주기 원하신다.
- 하나님은 순종하는 자가 기르는 짐승까지도 복을 주신다(4절).
- 하나님은 필요한 모든 것을 빈틈없이 채워주신다(5절).
- 순종하는 자는 한마디로 복덩이라고 할 수 있다(6절).

5 하나님께 순종하기 위해서는 어떤 자세를 가져야 하는가?

- 순종의 결과에 대한 기대감을 가지고 흔들림 없이 순종해야 한다.
- 지금 최악의 상황에 처해있을지라도 미래는 하나님께 순종한 여부로 결정된다는 것을 잊지 말아야 한다.

🔊 아직 순종하지 못해 갈등하고 있는 일이 있으면 솔직히 말해보라.

5 하나님이 순종을 얼마나 중요하게 생각하시는지 사무엘상 15장 22절에서 살펴보자.

"사무엘이 이르되 여호와께서 번제와 다른 제사를 그의 목소리를 청종하는 것을 좋아하심 같이 좋아하시겠나이까 순종이 제사보다 낫고 듣는 것이 숫양의 기름보다 나으니."

1 이 말씀의 배경은 무엇인가?

- 사울이 아말렉 족속을 진멸하라는 하나님의 명령을 무시한 채 하나님께 드리기 위해 가장 좋고 기름진 짐승을 살려서 끌고 왔다고 핑계하자 하나님이 사무엘을 통해 하신 말씀이다.

2 이 말씀이 주는 교훈은 무엇인가?

- 제사는 가장 중요한 의식이지만 하나님은 자신을 향한 순종이 없는 제사는 좋아하지 않으신다는 말씀으로, 순종이 얼마나 중요한지를 일깨워주신다.

3 순종하지 않으려고 당신이 찾는 핑곗거리들은 무엇인가?

- 당신이 흔히 대는 핑곗거리를 한 가지씩 말해보라(예: 돈이 없다, 바쁘다, 능력이 없다 등).

🔊 그럴듯한 핑계도 하나님께 대한 불순종을 정당화할 수 없다는 사실에 대해 어떤 생각이 드는지 나누어보라.

우리는 하나님을 믿는 동시에 순종의 학교에 입학한다.　　　　앤드류 머레이

---

6 오늘 공부를 통해 느낀 점과 결단한 것을 나누고 합심해서 기도하자.

- 성구 암송　이사야 1:19, 요한일서 3:22
- 큐티　　　시편 115:9-18
- 독서 과제　『순종』(앤드류 머레이, CLC 역간)
- 생활 과제　지금까지 순종하지 못해서 갈등하고 있는 일 그리고 순종하여 맺은 결과와 느낀 점 적어오기
- 성경 읽기

순종은 능력이요 복이다. 그리고 순종은 가장 확실한 투자다. 가나안 땅을 소유한 갈렙에 대해 성경은 이렇게 말씀하고 있다. "오직 여분네의 아들 갈렙은 온전히 여호와께 순종하였은즉 그는 그것을 볼 것이요 그가 밟은 땅을 내가 그와 그의 자손에게 주리라"(신 1:36). 순종하는 자에게는 두려움이 없다. 순종하면 모든 것을 믿음의 눈으로 볼 수 있기에 갈렙의 눈에는 가나안의 세상적인 힘도 두렵지 않았다. 그리고 갈렙의 순종 덕분에 자신의 시대뿐 아니라 자손까지 복을 받게 되었다. 순종의 복은 당대에 그치지 않는다. 당신은 무엇 때문에 아직도 순종하지 못하고 있는가? 지금부터 순종함으로 더욱 복된 삶을 시작하자.

16과

감사

도입

믿음을 가진 자의 두드러진 특징은 바로 하나님을 깊이 인식하고 감사하며 산다는 것이다. 그러므로 감사하며 사는 자는 건강한 믿음을 가지고 있다고 할 수 있다. 우리는 감사하지 못하여 얼마나 많은 것을 잃고 사는지 모른다. 성경은 감사하지 못하여 실패한 예를 많이 보여주고 있다. 하나님이 감사하며 사는 사람을 얼마나 귀하게 여기시는지 살펴보자.

적용

1 이스라엘 백성이 광야에서 고통당한 이유가 무엇인가?

　1 민수기 14:26-30

"²⁶여호와께서 모세와 아론에게 말씀하여 이르시되 ²⁷나를 원망하는 이 악한 회중에게 내가 어느 때까지 참으랴 이스라엘 자손이 나를 향하여 원망하는 바 그 원망하는 말을 내가 들었노라 ²⁸그들에게 이르기를 여호와의 말씀에 내 삶을 두고 맹세하노라 너희 말이 내 귀에 들린 대로 내가 너희에게 행하리니 ²⁹너희 시체가 이 광야에 엎드러질 것이라 너희 중에서 이십 세 이상으로서 계수된 자 곧 나를 원망한 자 전부가 ³⁰여분네의 아들 갈렙과 눈의 아들 여호수아 외에는 내가 맹세하여 너희에게 살게 하리라 한 땅에 결단코 들어가지 못하리라."

- 이스라엘 백성이 하나님께 감사하지 않고 원망했기 때문이다.
- 가나안 땅을 정탐한 열 정탐꾼의 잘못된 보고를 듣고 하나님을 원망한 20세 이상인 자는 아무도 가나안에 들어가지 못했다.
- 그들은 원망함으로 하나님께 약속받은 것(가나안)까지 얻지 못했다.

🔊 원망함으로 축복을 놓치는 이스라엘을 보며 어떤 생각이 드는가?
🔊 원망함으로 하나님이 약속하신 축복을 놓친 일이 있으면 말해보라.

2 민수기 21:4-9

"⁴백성이 호르 산에서 출발하여 홍해 길을 따라 에돔 땅을 우회하려 하였다가 길로 말미암아 백성의 마음이 상하니라 ⁵백성이 하나님과 모세를 향하여 원망하되 어찌하여 우리를 애굽에서 인도해 내어 이 광야에서 죽게 하는가 이 곳에는 먹을 것도 없고 물도 없도다 우리 마음이 이 하찮은 음식을 싫어하노라 하매 ⁶여호와께서 불뱀들을 백성 중에 보내어 백성을 물게 하시므로 이스라엘 백성 중에 죽은 자가 많은지라 ⁷백성이 모세에게 이르러 말하되 우리가 여호와와 당신을 향하여 원망함으로 범죄하였사오니 여호와께 기도하여 이 뱀들을 우리에게서 떠나게 하소서 모세가 백성을 위하여 기도하매 ⁸여호와께서 모세에게 이르시되 불뱀을 만들어 장대 위에 매달아라 물린 자마다 그것을 보면 살리라 ⁹모세가 놋뱀을 만들어 장대 위에 다니 뱀에게 물린 자가 놋뱀을 쳐다본즉 모두 살더라."

- 에돔 족속이 길을 내주지 않자 이스라엘 백성이 원망하므로 하나님은 불뱀을 보내 많은 사람을 죽이신다. 감사하지 않고 원망할 때 하나님의 진노가 임하게 된다.

🔊 이스라엘 백성은 왜 불평했는가?
- 그들은 하나님께 받은 은혜를 잊어버렸다. 받은 큰 은혜를 잊은 채 작은 불편함을 불평하고 있다.

🔊 감사할 제목이 있음에도 오히려 원망해서 고통당한 경험이 있는가?
🔊 하나님이 원망하는 자에게 진노하시고 고통을 주시는 것을 보면서 그분의 어떤 마음이 느껴지는가?
- 하나님은 원망을 싫어하신다. 하나님은 감사를 원하신다.

> 하나님께 쏘아 올린 원망과 시비의 화살은 우리에게 되돌아와 상처를 남긴다.
>
> 드와이트 무디 19세기 최고의 복음전도자

2 성도가 감사하는 생활을 해야 하는 이유를 다음 성구들에서 살펴보자.

1 시편 116편 16–17절

"¹⁶여호와여 나는 진실로 주의 종이요 주의 여종의 아들 곧 주의 종이라 주께서 나의 결박을 푸셨나이다 ¹⁷내가 주께 감사제를 드리고 여호와의 이름을 부르리이다."

- 주님이 죄의 결박을 풀어주셨다. 이 시편은 그 구원의 은혜에 감사하는 고백이다.

🔊 이보다 더한 감사 제목이 있는가?

🔊 당신은 구원받은 은혜에 얼마나 감사하고 있는가? 그 감사를 어떻게 표현하고 있는가?

- 하나님은 감사하는 자의 삶을 받으신다.
- 감사하는 생활은 영적인 제사가 된다는 것을 기억해야 한다.
- 모든 예배는 감사로 드리는 것이므로 감사의 삶을 사는 사람은 삶으로 예배를 드리는 것이다.

2 데살로니가후서 2:13

"주께서 사랑하시는 형제들아 우리가 항상 너희에 관하여 마땅히 하나님께 감사할 것은 하나님이 처음부터 너희를 택하사 성령의 거룩하게 하심과 진리를 믿음으로 구원을 받게 하심이니."

- 하나님이 택하셔서 구원해주셨으니 감사해야 한다.
- 구원받은 은혜만으로도 우리는 감사하는 것이 마땅하다.

🔊 성도가 감사하는 생활을 하는 것이 마땅하다는 말씀에서 마음에 불편한 것이 있으면 나누어보라.

- 감사는 성도의 의무다.

3 성도의 감사는 어떤 특징이 있어야 하는지 데살로니가전서 5장 18절에서 살펴보자.

"범사에 감사하라 이것이 그리스도 예수 안에서 너희를 향하신 하나님의 뜻이니라."

1 어떻게 감사해야 하는가?

- 모든 일에 감사해야 한다.

2 왜 모든 일에 감사해야 하는가?

- 감사하는 것이 하나님의 뜻이기 때문이다.

🔊 감사가 하나님의 뜻이라는 말씀에서 느낀 점을 말해보라.

- 성도의 삶은 하나님의 뜻을 이루어드리는 것이 되어야 한다.

3 감사할 수 없는 일에 대해 하나님께 감사한 경험과 그 결과를 말해보라.

4 누가복음 17장 12-19절이 주는 교훈을 살펴보자.

"[12]한 마을에 들어가시니 나병환자 열 명이 예수를 만나 멀리 서서 [13]소리를 높여 이르되 예수 선생님이여 우리를 불쌍히 여기소서 하거늘 [14]보시고 이르시되 가서 제사장들에게 너희 몸을 보이라 하셨더니 그들이 가다가 깨끗함을 받은지라 [15]그 중의 한 사람이 자기가 나은 것을 보고 큰 소리로 하나님께 영광을 돌리며 돌아와 [16]예수의 발 아래에 엎드리어 감사하니 그는 사마리아 사람이라 [17]예수께서 대답하여 이르시되 열 사람이 다 깨끗함을 받지 아니하였느냐 그 아홉은 어디 있느냐 [18]이 이방인 외에는 하나님께 영광을 돌리러 돌아온 자가 없느냐 하시고 [19]그에게 이르시되 일어나 가라 네 믿음이 너를 구원하였느니라 하시더라."

1 내용을 알기 쉽게 정리해보라.

2 아홉 명에 대한 예수님의 어떤 마음을 느낄 수 있는가?

- "어디 있느냐?"는 말씀은 예수님이 그들에게서 감사를 기대하고 계셨음을 알 수 있다. '왜 마땅히 해야 할 것을 하지 않는가?' 하는 아홉 명에 대한 책망 조의 질문이다. 감사하지 않는 것에 대한 아쉬운 마음과 섭섭함을 표현하신 것이다.

🔊 예수님은 아홉 명을 찾으시며 뭐라고 질문하셨는가?
- "하나님께 영광을 돌리러 돌아온 자가 없느냐?"고 하셨다.

🔊 이 질문에서 예수님은 감사하는 것과 무엇을 연관시키셨는가?
- 감사하지 않는 것은 하나님의 영광을 가로채는 것이다.

🔊 주님이 우리의 원하는 바를 들어주실 때 우리에게 무엇을 기대하시는가?
- 주님이 영광을 받으시기 위해 우리의 원하는 바를 들어주시는 것이기에 감사로 영광을 돌려야 한다. 그러므로 감사하지 않는 것은 불순종이며 하나님의 뜻을 거스르는 것이다.

3 아홉 명의 나병 환자를 통해 무엇을 배울 수 있는가?

- 감사를 쉽게 잊어버리는 우리의 모습을 볼 수 있다.
- 그들은 마땅히 해야 할 것을 하지 않았다.
- 그들은 감사할 줄 몰랐다.
- 그들은 감사할 기회를 놓쳤다.

🔊 당신은 마땅히 돌려야 할 감사를 이 아홉 명처럼 그냥 지나친 적은 없는가?

🔊 감사의 제목 가운데 잊고 표현하지 못한 것이 있으면 생각나는 대로 말해 보라.

4 감사한 자가 얻은 것은 무엇인가?(19절)

- 믿음을 인정받았고 칭찬받았다.
- 감사한 자는 육적 회복뿐 아니라 영적 구원까지 받는 축복을 누렸다.

🔊 그는 미루지 않고 즉시 감사했다. 당신은 어떤가?

🔊 열 명이 모두 깨끗함을 받았는데 한 명만 가던 길을 돌이켜 감사하러 오는 것이 쉬운 일이었을까?

- 다른 사람들에게 따돌림을 당할 수 있기 때문에 용기가 필요한 일이다.

🔊 하나님께 감사를 얼마나 그리고 어떻게 표현하고 있는가?

🔊 하나님께 감사하므로 누린 축복에 대해 말해보라.

> 기독교인과 비기독교인을 구별할 수 있는 결정적 기준은 지나간 일에 감사하느냐 못 하느냐에 있다.
> **마르틴 루터** 독일의 종교개혁자

5 오늘 공부를 통해 느낀 점과 결단한 것을 나누고 합심해서 기도하자.

- 성구 암송   데살로니가전서 5:18, 야고보서 5:9
- 큐티   시편 107:8-21
- 독서 과제   『감사』(배창돈, 필로)
- 생활 과제   하나님께 감사드리는 것을 30가지 이상 적고 느낀 점 써오기/ 배우자에게 매일 한 번씩 감사의 고백하기
- 성경 읽기

그리스도인은 무조건 감사해야 한다. 하나님은 우리를 모든 피조물 가운데 가장 귀한 존재로 창조해주셨고, 죄인인 우리를 구원하셔서 하나님의 가족으로 삼아주셨다. 또한 영생을 주셔서 소망을 갖고 살도록 해주셨으니 어떤 불평 거리도 엄청난 감사의 폭포 앞에서 소멸될 수밖에 없다. 하나님은 감사하는 자에게 더 큰 감사의 제목을 주시지만 불평하는 자에게는 하나님의 진노가 임한다는 것을 기억해야 한다.

17과

예배

도입

예배는 살아계신 하나님과 나누는 영적 교통이다. 예배는 하나님의 자비로우심에 대해 감사의 마음으로 드리는 희생의 제사며 자발적인 헌신이다. 우리는 예배를 통해 하나님과 더욱 깊은 관계로 나아간다. 하나님은 우리의 예배를 받으시며 기뻐하신다. 우리가 예배를 통해 마음껏 하나님을 찬양할 수 있고, 하나님의 사랑과 축복을 소유할 수 있다는 것이 얼마나 감사한 일인지 알아야 한다.

적용

1 요한복음 4장 23-24절이 주는 교훈을 알아보자.

"²³아버지께 참되게 예배하는 자들은 영과 진리로 예배할 때가 오나니 곧 이 때라 아버지께서는 자기에게 이렇게 예배하는 자들을 찾으시느니라 ²⁴하나님은 영이시니 예배하는 자가 영과 진리로 예배할지니라."

1 내용을 알기 쉽게 정리해보라.

2 하나님은 영과 진리로 예배하는 자를 찾으신다고 했다. 그것이 어떤 예배라고 생각하는가?

- 하나님은 우상과 다르게 스스로 존재하시는 인격적인 분으로 영이시다. 그러나 예수님 당시 사람들은 형식이 중요하다고 생각해 유대인들은 예루살렘 성전에서, 사마리아인은 그리심 산에서 예배를 드려야 한다고 주장했다. 주님은 장소보다는 예배자의 태도가 중요하다는 말씀으로 헌신 없는 습관적인 예배를 원하지 않으신다는 것을 보여주셨다.

🔊 하나님은 당신의 예배 태도를 어떻게 보실 것 같은가?
🔊 당신은 예배 시간에 지각하는 것을 어떻게 생각하는지 말해보라.

3 "하나님은 영이시니"라는 의미를 예배와 연관해서 살펴보자.

- 이것은 하나님의 본질에 대한 표현이다. 하나님은 우리처럼 장소의 제한을 받지 않으시는 분으로 어디에나 임재하신다. 그러므로 하나님은 어디에서나 예배를 받으실 수 있다. 그 당시 유대인이나 사마리아인들은 특정 지역에서만 예배드릴 수 있다고 잘못 생각하고 있었다.

🔊 언제 어디서나 우리의 예배를 받으시는 영이신 하나님께 우리는 어떻게 예배드려야 할까?

2 하나님이 원하시는 예배를 드리는 자에게 주시는 복은 무엇인지 출애굽기 20장 24절에서 살펴보자.

"내게 토단을 쌓고 그 위에 네 양과 소로 네 번제와 화목제를 드리라 내가 내 이름을 기념하게 하는 모든 곳에서 네게 임하여 복을 주리라."

• 하나님을 향한 간절함으로 예배드릴 때 하나님이 오셔서 복을 주신다고 하셨다.

🔊 하나님이 직접 찾아오셔서 복을 주시겠다는 의미의 말씀에서 무엇을 느낄 수 있는가?

🔊 예배를 통해 받은 특별한 은혜의 경험이 있으면 말해보라.

3 예배드리는 자는 하나님께 어떤 자세로 나아가야 하는지 전도서 5장 1절을 읽고 말해보라.

"너는 하나님 앞으로 들어갈 때에 네 발을 삼갈지어다 가까이 하여 말씀을 듣는 것이 우매한 자들이 제물 드리는 것보다 나으니 그들은 악을 행하면서도 깨닫지 못함이니라."

• "발을 삼갈지어다"는 뜻은 예배드릴 때 살아계신 하나님을 인식하고 부주의하게 행동하지 말고 신중하게 나아가라는 뜻이다. 다른 말로 악을 행하면서도 마음에 아무런 가책 없이 예배드리는 것을 말한다.

🔊 당신에게 예배자로서 고쳐야 할 태도가 있다면 말해보라.

4 우리가 드려야 할 예배에 대해 로마서 12장 1절에서 살펴보자.

"그러므로 형제들아 내가 하나님의 모든 자비하심으로 너희를 권하노니 너희 몸을 하나님이 기뻐하시는 거룩한 산 제물로 드리라 이는 너희가 드릴 영적 예배니라."

1 내용을 알기 쉽게 정리해보라.

하나님의 자비로 너희에게 권하기는 너희 몸을 하나님을 기쁘시게 하는 거룩한 살아 있는 제물로 드려야 한다. 이것이 우리가 당연히 드려야 할 영적 예배다.

2 예배는 몸을 제물로 드리는 것이다. 몸이 산 제물이 되어야 한다는 것은 무엇을 의미하는가?

- 하나님께 합당하게 드려지는 자의 자세를 가져야 한다는 뜻이다. 이는 제물이 죽어서 온전히 드려지는 것처럼 우리도 오직 하나님께 드려지는 자세로 예배에 집중하여 몸과 마음을 드리는 것을 말한다.
- 제물은 평상시 삶에서 준비되어야 한다. 이는 단지 예배 시간 동안만의 거룩함이 아니라 우리가 제물로서 거룩함을 추구하며(흠 없이) 살아야 한다는 의미다.

🔊 당신은 예배에 온전히 집중하기 위해 어떤 노력을 하는가?

🔊 하나님이 삶의 예배를 받으신다는 사실을 인식하고 살고 있는가? 그렇다면 예배자로서의 삶을 어떻게 살고 있는가?

- 자신이 예배자임을 인식하고 사는 사람은 제물로서의 삶, 즉 매순간 주님과 동행하며 거룩하게 살기 위해 노력한다.

5 시편 기자가 하나님께 나아가는 자세에서 느낀 점을 말해보라.

1 시편 84:1-2

"¹만군의 여호와여 주의 장막이 어찌 그리 사랑스러운지요 ²내 영혼이 여호와의 궁정을 사모하여 쇠약함이여 내 마음과 육체가 살아 계시는 하나님께 부르짖나이다."

- 시편 기자는 하나님의 궁정을 사모하여 쓰러질 정도로 쇠약하게 되었고, 온 몸과 마음으로 살아계신 하나님께 부르짖고 있다.

🔊 당신은 예배드릴 때 얼마나 간절한 마음으로 하나님께 부르짖고 있는가?

🔊 주일 예배를 드리기 위해 어떻게 준비하고 있는지 말해보라.

2 시편 84:10

"주의 궁정에서의 한 날이 다른 곳에서의 천 날보다 나은즉 악인의 장막에 사는 것보다 내 하나님의 성전 문지기로 있는 것이 좋사오니."

- 성전에서 보내는 한 날이 다른 곳에서 보내는 천 날보다 더 행복하기에 하나님의 집 문지기로 있는 것을 원하고 있다.

🔊 시편 기자의 마음과 당신의 마음은 어느 정도 차이가 있는가?
🔊 차이가 있다면 그 이유는 무엇이라고 생각하는가?

> 사람은 예배드릴 때 자라기 시작한다.　　　　　　　　　장 칼뱅

6 시편 121편은 성전에 올라가는 노래다. 함께 공부해보자.

"¹내가 산을 향하여 눈을 들리라 나의 도움이 어디서 올까 ²나의 도움은 천지를 지으신 여호와에게서로다 ³여호와께서 너를 실족하지 아니하게 하시며 너를 지키시는 이가 졸지 아니하시리로다 ⁴이스라엘을 지키시는 이는 졸지도 아니하시고 주무시지도 아니하시리로다 ⁵여호와는 너를 지키시는 이시라 여호와께서 네 오른쪽에서 네 그늘이 되시나니 ⁶낮의 해가 너를 상하게 하지 아니하며 밤의 달도 너를 해치지 아니하리로다 ⁷여호와께서 너를 지켜 모든 환난을 면하게 하시며 또 네 영혼을 지키시리로다 ⁸여호와께서 너의 출입을 지금부터 영원까지 지키시리로다"(시 121:1-8).

1 하나님은 어떤 분이신가?(1-2절)

- 나를 도우시는 분으로 하늘과 땅을 만드신 분이다.

2 하나님은 우리를 어떻게 지키시는가?(3-4절)

- 졸지도 주무시지도 않고, 우리 발이 미끄러지지 않게 하신다.

3 하나님이 우리를 어떻게 지키시는지 6-8절을 각 절별로 요약해보라.

① 6절: 낮의 해와 밤의 달에서 지키심
② 7절: 모든 재앙에서 지키심
③ 8절: 어디서나 영원토록 지키심

4 이 말씀에서 하나님을 향해 가져야 할 자세를 말해보라.

- 하나님은 우리의 완벽한 보호자시다.
- 나를 향한 하나님의 사랑과 돌보심은 상상할 수 없을 만큼 크고 위대하다.

🔊 우리는 하나님을 진정으로 찬양하고 경배해야 한다. 하나님 앞에 부끄러운 모습이 있으면 말해보라.

7 시편 96편 8-9절이 주는 교훈과 결단한 것을 말해보라.

"⁸여호와의 이름에 합당한 영광을 그에게 돌릴지어다 예물을 들고 그의 궁정에 들어갈지어다 ⁹아름답고 거룩한 것으로 여호와께 예배할지어다 온 땅이여 그 앞에서 떨지어다."

1 이 말씀이 주는 교훈은 무엇인가?

- 예배자가 하나님께 맞는 예우와 자세로 나아가며, 마음의 표현인 예물을 준비하는 것은 지극히 당연한 것이다.
- 하나님을 경외하며 합당한 자세로 예배드려야 한다.

🔊 당신은 하나님께 합당한 예배를 드리고 있다고 생각하는가? 그렇지 않다면 그 이유는 무엇인가?

🔊 당신은 어떤 마음으로 어떻게 예물을 준비하는가?

2 이 말씀을 통해 결단한 것은 무엇인가?

8 오늘 공부를 통해 느낀 점과 결단한 것을 구체적으로 말하고, 잘못된 예배를 드린 것을 회개하며 합심하여 기도하자.

- 성구 암송　마태복음 18:19–20, 시편 96:8
- 큐티　　　시편 96:1–9
- 독서 과제　『예배』(배창돈, 필로)
- 생활 과제　예배 시간 10분 전까지 와서 기도로 준비하고 예배 드리기 / 예배에 대해 공부하고 예배를 대하는 자신의 태도가 어떻게 달라졌는지 써오기
- 성경 읽기

예배는 하나님이 인간다운 삶을 살게 하시려고 인간에게 주신 선물이다. 예배자들은 하나님의 보좌 앞에 나아가기 위해 성령의 인도를 받아야 한다. 성령의 인도를 통해 하늘 문이 열리고 땅의 문제들이 해결되는 역사가 일어난다. 예배자는 오직 하나님만을 위해서 예배가 존재해야 한다는 사실을 인식하고 하나님이 중심 되시는 예배가 되도록 해야 한다. 예배가 인간 중심으로 흘러 예배자 자신을 위한 종교적 행사나 사교적 모임이 되어서는 안 된다. "네 마음을 다하고 목숨을 다하고 뜻을 다하고 힘을 다하여 주 너의 하나님을 사랑하라"(막 12:30)는 말씀을 마음속에 새기고 예배할 때 하나님은 우리 마음의 소원에 응답해주실 것이다. 진정한 예배는 영적 힘을 불러일으키고 전도의 문을 여는 열쇠가 된다.

18과 그리스도인과 주일

도입

구약의 안식일은 주일의 모형이다. 주일은 예수님의 부활로 사탄과 죽음의 권세가 파멸된 날로서 하나님이 우리에게 새로운 소망을 주신 날이며 성령이 강림하신 날이다. 하나님은 안식일을 대단히 중요하게 여기시고 이날을 통해 복 주기를 원하셨다. 주님의 부활 이후 주일을 지키는 성도들은 안식일의 의미를 통해 주일을 어떻게 지켜야 할 것인지 알아야 한다. 6일 동안 세상으로 보낸 자식을 불러서 그들의 어려움을 듣고 필요한 것을 채워주어 세상에서 멋있게 살도록 돕는 부모의 마음처럼, 하나님은 이날에 대해 심할 정도로 집착하신다. 주일을 통해 자녀들에게 온갖 복을 부어주시고자 하는 하나님의 마음을 엿볼 수 있다.

적용

1 창세기 2장 3절이 주는 교훈을 말해보라.

"하나님이 그 일곱째 날을 복되게 하사 거룩하게 하셨으니 이는 하나님이 그 창조하시며 만드시던 모든 일을 마치시고 그 날에 안식하셨음이니라."

🔊 하나님이 일곱째 날에 복 주셨다는 의미는 무엇인지 말해보라.
- 안식일 제도가 사람에게 복된 것임을 알려주신 것이다.
- 하나님이 인간에게 복 주기를 원하신 날을 지킬 때 우리는 하나님이 주시는 복을 소유할 수 있다.
- 안식일을 억지로 지키는 것은 하나님의 뜻을 모르는 어리석음이다.

🔊 "거룩하게 하셨으니"라는 말씀이 주는 교훈은 무엇일까?
- 거룩은 하나님의 성품으로 하나님이 우리에게 요구하신 것이다. 이는 주일을 지키는 모든 성도가 구별된 삶을 살아야 한다는 말씀이다. 이날은 하나님이 구별해놓으신 날이므로 따로 구별하여 하나님께 드리는 삶이 되어야 한다. 그러나 단지 예배드리는 것만을 거룩이라고 생각해서는 안 된다. "기록되었으되 내가 거룩하니 너희도 거룩할지어다 하셨느니라"(벧전 1:16).

🔊 주일과 안식은 어떤 관계가 있을까?
- 주일을 잘 지키면 영적, 육적으로 회복될 수 있다(주일을 온전히 지킬 때 6일 동안 일할 수 있는 새 힘을 얻게 된다).

2 이사야 56장 2-7절을 읽고 말씀이 주는 교훈을 살펴보자.

"²안식일을 지켜 더럽히지 아니하며 그의 손을 금하여 모든 악을 행하지 아니하여야 하나니 이와 같이 하는 사람, 이와 같이 굳게 잡는 사람은 복이 있느니라 ³여호와께 연합한 이방인은 말하기를 여호와께서 나를 그의 백성 중에서 반드시 갈라내시리라 말하지 말며 고자도 말하기를 나는 마른 나무라 하지 말라 ⁴여호와께서 이와 같이 말씀하시기를 나의 안식일을 지키며 내가 기뻐하는 일을 선택하며 나의 언약을 굳게 잡는 고자들에게는 ⁵내가 내 집에서, 내 성 안에서 아들이나 딸보다 나은 기념물과 이름을 그들에게 주며 영원한 이름을 주어 끊어지지 아니하게 할 것이며 ⁶또 여호와와 연합하여 그를 섬기며 여호와의 이름을 사랑하며 그의 종이 되며 안식일을 지켜 더럽히지 아니하며 나의 언약을 굳게 지키는 이방인마다 ⁷내가 곧 그들을 나의 성산으로 인도하여 기도하는 내 집에서 그들을 기쁘게 할 것이며 그들의 번제와 희생을 나의 제단에서 기꺼이 받게 되리니 이는 내 집은 만민이 기도하는 집이라 일컬음이 될 것임이라."

1 내용을 알기 쉽게 정리해보라.

2 안식일을 잘 지키는 자에게 하나님이 어떤 의지를 갖고 계신지 말해보라(2절).

- 안식일을 지키는 자에게 복을 주시겠다는 강한 의지를 엿볼 수 있다.

🔊 당신은 주일을 어떤 자세로 지키고 있는가?

- 안식일을 지키는 자에게 복을 주고자 하시는 하나님의 뜻처럼 우리도 안식일에 대해 적극적인 자세를 가져야 한다.

3 이방인과 자녀를 생산하지 못하는 자가 안식일을 지킬 때 누리는 축복을 말해보라.

1. 이방인

- 하나님의 백성으로 받아주신다(3절).
- 거룩한 산으로 인도해주시고, 기도하는 집에서 기쁨을 누리게 해주시며, 그가 드리는 희생제물도 받아주신다(7절).

2. 자녀를 생산하지 못하는 자

- 자녀를 두는 것보다 영원토록 잊히지 않을 더 나은 이름과 명성을 주신다(4절).

🔊 이 말씀에서 느낀 점을 말해보라.

- 공동체의 일원으로 받아주시는 것은 물론이며 더 큰 애착과 사랑을 베푸신다는 것을 알 수 있다.

3 민수기 15장 32-36절 말씀이 주는 교훈을 살펴보자.

"³²이스라엘 자손이 광야에 거류할 때에 안식일에 어떤 사람이 나무하는 것을 발견한지라 ³³그 나무하는 자를 발견한 자들이 그를 모세와 아론과 온 회중 앞으로 끌어왔으나 ³⁴어떻게 처치하는지 지시하심을 받지 못한 고로 가두었더니 ³⁵여호와께서 모세에게 이르시되 그 사람을 반드시 죽일지니 온 회중이 진영 밖에서 돌로 그를 칠지니라 ³⁶온 회중이 곧 그를 진영 밖으로 끌어내고 돌로 그를 쳐죽여서 여호와께서 모세에게 명령하신 대로 하니라."

1 안식일에 나무를 한 사람을 돌로 쳐 죽인 사건에서 우리에게 주시는 교훈을 말해보라.

- 안식일에 대한 명령을 가볍게 여겨서는 안 된다는 것을 보여주신 것이다.
- 하나님이 이스라엘 전체에게 경고하신 것으로 볼 수 있다.
- 안식일을 어긴 것은 생명의 공급자이신 하나님을 불신하고 멸시한 것으로 볼 수 있다.
- 우리는 하나님의 전적인 은혜로 살고 있다. 하나님의 은혜보다 내 힘을 의지하여 살고자 한 것에 대한 하나님의 진노를 드러내신 것이다.

🔊 하나님이 이토록 강하게 안식일 준수를 명령하시는 것에 대해 어떻게 생각하는가?

2 이 말씀을 통해 각자 결단한 것이 있으면 말해보라.

> 주일은 하나님의 법일 뿐 아니라 자연의 법이다. 주일을 습관적으로 무시했던 개인이나 국가는 반드시 재난이나 슬픔을 당했다.
>
> 대니얼 웹스터   미국의 유명한 정치인이며 학자이자 언론인

4 이사야 58장 13-14절 말씀이 주는 교훈을 살펴보자.

"¹³만일 안식일에 네 발을 금하여 내 성일에 오락을 행하지 아니하고 안식일을 일컬어 즐거운 날이라, 여호와의 성일을 존귀한 날이라 하여 이를 존귀하게 여기고 네 길로 행하지 아니하며 네 오락을 구하지 아니하며 사사로운 말을 하지 아니하면 ¹⁴네가 여호와 안에서 즐거움을 얻을 것이라 내가 너를 땅의 높은 곳에 올리고 네 조상 야곱의 기업으로 기르리라 여호와의 입의 말씀이니라."

❶ 안식일에 금해야 할 것은 무엇인가?

- 발을 금하고, 오락을 금하며, 사사로운 말을 하지 마라.

❷ 안식일을 지킬 때 받는 복은 무엇인가?

- 하나님이 즐거움을 주신다.
- "땅의 높은 곳에 올리고"라고 하시며 번영과 안정을 약속하셨다.
- "조상 야곱의 기업으로 기르리라"고 하셨는데, 이는 야곱에게 약속하신 가나안 땅을 주셨듯 안식일을 지키는 자를 복된 자로 삼으시겠다는 것이다.

❸ "여호와의 입의 말씀이니라"는 말씀에서 느낀 점을 말해보라.

- 하나님의 권위를 강조하신 것으로 하나님의 약속은 반드시 성취될 것임을 확인시켜주시는 것이다.

🔊 이 정도의 약속을 받고도 주일을 지키는 것에 대한 확신이 없다면 어떤 문제가 있다고 생각하는가?

- 예수님을 믿지 않거나 하나님을 거짓말쟁이로 여기는 질 나쁜 사람이라고 할 수 있다.

5 주일에는 어떤 일을 할 수 있는지 다음 성구들에서 알아보자.

1 마태복음 12:5

"또 안식일에 제사장들이 성전 안에서 안식을 범하여도 죄가 없음을 너희가 율법에서 읽지 못하였느냐."

- 제사장들이 제사 드리기 위해 성전 안에서 일하는 것은 율법에서도 허용하고 있다.
- 주일에 하나님 나라의 일을 하는 것은 문제가 되지 않는다. 주일에 전도하거나 봉사하는 것은 오히려 주님이 원하시는 일이다.

🔊 자신의 경우를 예로 들어 주일에 해야 할 일과 하지 말아야 할 일에 대해 나누어보라.

2 마태복음 12:10-13

"¹⁰한쪽 손 마른 사람이 있는지라 사람들이 예수를 고발하려 하여 물어 이르되 안식일에 병 고치는 것이 옳으니이까 ¹¹예수께서 이르시되 너희 중에 어떤 사람이 양 한 마리가 있어 안식일에 구덩이에 빠졌으면 끌어내지 않겠느냐 ¹²사람이 양보다 얼마나 더 귀하냐 그러므로 안식일에 선을 행하는 것이 옳으니라 하시고 ¹³이에 그 사람에게 이르시되 손을 내밀라 하시니 그가 내밀매 다른 손과 같이 회복되어 성하더라."

- 이 경우 쿰란 공동체는 동물 스스로 빠져나올 수 있도록 구덩이에 널빤지를 대주었고, 바리새인들은 구덩이에 빠진 동물이 무사히 지내도록 음식을 제공하면서 동물의 생명이 위험할 경우에만 직접 끌어낼 것을 규정하고 있다.
- 예수님은 안식일에 동물에게 선을 행하는 것은 허용하면서도 손 마른 사람을 치료하는 것은 허용하지 않자 사람에게 자비를 베푸는 것은 당연한 처사임을 말씀하셨다.
- 주님은 병든 자를 위한 치료를 허용하셨다.

> 진실한 성도는 복음의 가르침을 따라 모든 죄악된 생각을 버리고, 가슴속에 선행을 간직하며, 주일에 이루어진 주님의 부활을 영광스럽게 하면서 주의 날을 지켜야 한다.
>
> 테르툴리아누스 카르타고 출생의 기독교 저술가

6 주일은 하나님을 만나는 날이다. 이날은 어떤 자세로 지켜야 할까? 이사야 1장 11절을 읽고 느낀 점을 말해보라.

"여호와께서 말씀하시되 너희의 무수한 제물이 내게 무엇이 유익하뇨 나는 숫양의 번제와 살진 짐승의 기름에 배불렀고 나는 수송아지나 어린 양이나 숫염소의 피를 기뻐하지 아니하노라."

- 하나님은 마음이 없이 형식적인 틀만 중요시하는 제사를 원하지 않으신다.
- 주일은 복된 날이므로 감사하는 마음으로 지켜야 한다. 지극한 사랑으로 생명까지 내어주신 하나님 앞에 나아가는 일을 짐스러워해서는 안 된다.

🔊 당신은 주일을 잘 지키기 위해 어떤 노력을 하고 있는가?

🔊 주일을 잘 지키는 것을 두고 율법주의자라고 말하는 잘못된 경향이 있다. 당신은 어떻게 생각하는가?

🔊 율법주의에 대해 아는 대로 말해보라.

- 구약 시대에는 율법을 두려워하는 마음으로 형식적인 틀에 갇혀서 안식일을 지켰다면 지금은 예수님의 십자가 사랑의 은혜를 깊이 간직하고 그분의 크신 사랑에 감사하며 더욱 적극적인 자세로 주일을 지켜야 한다. 이를 두고 율법주의라고 말하는 것은 잘못이다.

7 갈라디아서 5장 13절이 의미하는 바를 이해하고 우리에게 주시는 교훈을 살펴보자.

"형제들아 너희가 자유를 위하여 부르심을 입었으나 그러나 그 자유로 육체의 기회를 삼지 말고 오직 사랑으로 서로 종 노릇 하라."

1 본문의 내용을 요약해서 그 의미를 설명해보라.

- 죄의 종이었던 인간이 예수님을 통해 죄에서 자유인이 된다는 것은 더 이상 죄를 짓지 않고 말씀 안에서 주님이 주시는 자유를 누리도록 하시려는 것이다. 주신 자유를 이용하여 육체의 욕망을 채우는 기회로 삼으라는 것이 아니다.
- 예수님이 이 땅에 오셨기 때문에 구약시대처럼 안식일을 어겼다고 당장 죽거나 벌을 받지는 않는다. 그러나 하나님은 그분의 크신 사랑(십자가의 사랑)을 마음 깊이 새기고 더 큰 감사와 사랑을 담아 자원하는 마음으로 주일을 지키는 것을 기뻐하신다는 사실을 알아야 한다.

2 우리에게 주시는 교훈을 말해보라.

🔊 지금까지 주일을 두려운 마음으로 억지로 지켰는가? 아니면 하나님의 크신 은혜를 사모하며 감사하는 마음으로 적극적인 자세로 지켰는가? 자신의 상태를 솔직하게 말하고, 앞으로 주일을 어떻게 지킬 것인지 나누어보라.

3 주일 성수는 전도와 어떤 관계가 있을까?

- 주님이 이 땅에 오신 목적이 영혼을 구원하시려는 것이기에 주일 성수와 전도에 대해 생각해보아야 한다.

🔊 주일을 온전히 성수하는 것이 영혼 구원에 어떤 영향이 있을까?

- 성도들이 주일을 잘 지키면 가게나 사업체들이 주일에 문을 닫고 하나님께 나아오는 데 도움을 줄 것이다. 교회 주변에 있는 가게가 주일에 장사가 잘되어 교회에 나오지 못하는 주인과 종업원이 있다면, 성도들이 그들의 구원을 가로막고 있다고 보아도 좋을 것이다. 하나님은 주일을 온전히 지키기 원하신다는 사실을 기억하자.

8 오늘 공부를 통해 느낀 점을 말하고 결단한 것을 위해 함께 기도하자.

- ■ 성구 암송　이사야 56:2, 로마서 12:1
- ■ 큐티　　　요한일서 5:2-4
- ■ 독서 과제　『그리스도인과 주일』(배창돈, 베드로 서원)
- ■ 생활 과제　주일 예배를 위해 토요일 밤 11시 이전에 잠자리에 들기(새벽형 사람이 되기 위해 일찍 자는 습관 들이기)
- ■ 성경 읽기

주일은 인간을 위해 하나님이 만드신 날이다. 하나님을 경배하고 찬양하는 축제의 날이요, 복되고 거룩한 날이다. 주일을 지킨 사람 가운데 망한 사람이 없고, 주일을 어긴 사람 가운데 흥한 사람이 없다. 하나님의 뜻을 무시하고도 잘된다면 이는 오히려 이상한 일이다. 미국이 세계 최고의 부국이 된 것은 우연이 아니다. 그들은 신앙의 자유를 위해 신대륙으로 이주한 후 하나님을 경외하고 사랑했다. 초대 대통령 조지 워싱턴은 주일 성수를 위해 모든 작업을 중단하라고 했고, 링컨은 주일에는 모든 일을 멈추고 편히 쉬라고 했다.

　사무엘 콜리지는 이렇게 말했다. "하나님은 안식일을 통해 1년에 52일이라는 샘물을 우리에게 주셨다."

19과 전도의 중요성

도입

한 영혼을 천하보다 귀하게 여기시는 하나님은 예수님을 통해 우리를 구원해주셨다. 하나님은 아직도 구원받지 못한 사람들을 어떤 방법으로라도 구원하기 원하신다. 하나님은 창세 이후 하나님 자신에 대한 증거와 함께 예수님이 구세주이심을 계속해서 증거해오셨다. 하나님은 사람들에게 그리스도가 필요하다는 사실을 깨우치시려고 우리를 사용하기 원하신다. 이 시간 복음 전파의 중요성과 전도자가 가져야 할 자세에 대해 공부하기로 하자.

적용

1 마가복음 1장 38-39절에서 예수님의 전도에 대해 알아보자.

"³⁸이르시되 우리가 다른 가까운 마을들로 가자 거기서도 전도하리니 내가 이를 위하여 왔노라 하시고 ³⁹이에 온 갈릴리에 다니시며 그들의 여러 회당에서 전도하시고 또 귀신들을 내쫓으시더라."

🔊 예수님은 자신이 이 땅에 오신 목적이 무엇이라고 말씀하시는가?
- 예수님이 행하신 모든 사역은 전도하시기 위한 것이었다.

🔊 당신과 가까운 사람들 가운데 생각나는 전도대상자는 누구인가? 다른 사람들에게 기도를 부탁하고 구체적인 전도 계획을 세우고 나누어보라.

2 다음 성구들을 통해 우리에게 주시는 교훈을 살펴보자.

1 마가복음 16:15

"또 이르시되 너희는 온 천하에 다니며 만민에게 복음을 전파하라."

🔊 여기서 "너희는"은 누구를 가리키는가?
- 제자, 더 나아가 모든 성도를 가리킨다.
- 예수 믿는 자에게는 누구나 예외 없이 전도의 사명이 있다.

🔊 전도는 하나님의 명령이다. 당신은 이 명령을 얼마나 심각하게 받아들이고 있는가?

🔊 당신은 전도대상자를 정할 때 어떤 기준을 가지고 있는가?
- 전도의 범위는 온 세상이고 전도의 대상은 이 땅에 사는 모든 사람이다.

2 사도행전 1:8

"오직 성령이 너희에게 임하시면 너희가 권능을 받고 예루살렘과 온 유대와 사마리아와 땅 끝까지 이르러 내 증인이 되리라 하시니라."

🔊 성령이 이 땅에 오신 주된 목적은 무엇인가?
- 성령은 우리가 증인의 역할을 잘 감당하도록 도우시고 인도해주신다.

🔊 전도는 예수님이 이 세상에 남기신 유언이라고 할 수 있다. 유언의 중요성에 대해 말해보라.

3 디모데후서 1:8

"그러므로 너는 내가 우리 주를 증언함과 또는 주를 위하여 갇힌 자 된 나를 부끄러워하지 말고 오직 하나님의 능력을 따라 복음과 함께 고난을 받으라."

🔊 사도 바울이 복음 전파자에게 당부하고 있는 것은 무엇인가?
- 예수님을 증거하는 것을 부끄러워하지 말라고 했다.
- 하나님이 복음을 전파할 수 있는 능력을 주실 것이라고 했다.
- 복음을 전할 때 고난도 함께 받아야 한다고 했다. 복음을 전할 때 고난과 핍박도 따른다는 사실을 알려주신 것이다.

🔊 이 말씀에서 느낀 점을 말해보라.

🔊 당신은 전도하다가 고난이 올 때 어떻게 반응하는가?

4 디도서 1:3

"자기 때에 자기의 말씀을 전도로 나타내셨으니 이 전도는 우리 구주 하나님이 명하신 대로 내게 맡기신 것이라."

- 하나님은 전도를 통해 사람들이 구원의 소식을 알도록 하셨다.

🔊 하나님이 당신에게도 복음 전파의 명령을 주셨다고 확신하는가? 그렇다면 이 명령에 어떻게 순종하고 있는가?

3 디모데후서 4장 2절을 읽고 느낀 점을 말해보라.

"너는 말씀을 전파하라 때를 얻든지 못 얻든지 항상 힘쓰라 범사에 오래 참음과 가르침으로 경책하며 경계하며 권하라."

🔊 복음은 어떻게 전해야 하는가?
- 언제 어디서나 항상 전해야 한다. 이는 전도가 생활화되어야 한다고 말씀하신 것이다.

🔊 전도를 생활화하기 위한 구체적인 방법을 나누어보자.

> 헤아릴 수 없는 교인들이 일반적으로 교회 사업이라고 알려진 일을 하느라 열중하고 있다. 이들은 예배 후에 한 사람을 그리스도께 인도하기 위해 단 5분도 쓰지 못한다. 그들은 생각한다. 불필요하고 이차적인 문제에 왜 시간을 허비해야 하는가?
>
> O. J. 스미스 캐나다 토론토 피플스 교회 목사

4 전도자에게 필요한 자세는 무엇인가?

1 고린도전서 2:4

"내 말과 내 전도함이 설득력 있는 지혜의 말로 하지 아니하고 다만 성령의 나타나심과 능력으로 하여."

- 전도는 전도자의 지혜나 설득력을 의지하지 말고 성령의 능력을 의지해야 한다.
- 전도의 주체는 성령이시다. 성령을 의지하고 성령의 인도하심에 민감해야 한다.

🔊 전도하면서 성령의 능력을 경험한 사례를 이야기해보라.
🔊 내 능력과 지혜를 의지했을 때 어떤 결과를 얻었는지 자신의 경험을 이야기해보라.

2 고린도전서 9:16

"내가 복음을 전할지라도 자랑할 것이 없음은 내가 부득불 할 일임이라 만일 복음을 전하지 아니하면 내게 화가 있을 것이로다."

- 우리가 복음을 전한다고 해도 자랑할 것이 없다. 이는 당연히 해야 할 일이기 때문이다.
- 당연히 전해야 할 복음을 전하지 않는다면 화가 있을 것이라고 말씀한다. 하나님은 그만큼 전도를 원하신다.

🔊 전도하지 않으면 화가 미칠 것이라고 생각해본 적이 있는가? 바울이 왜 이런 고백을 했다고 생각하는가?

- 전도하지 않는 것을 가장 안타까워하시는 하나님의 마음을 바울은 잘 알았기 때문일 것이다.

5 고린도전서 1장 21절이 주는 교훈을 말해보라.

"하나님의 지혜에 있어서는 이 세상이 자기 지혜로 하나님을 알지 못하므로 하나님께서 전도의 미련한 것으로 믿는 자들을 구원하시기를 기뻐하셨도다."

- 하나님은 미련해 보이는 전도를 통해 사람들을 구원하신다.

🔊 당신은 열심히 전도하는 사람을 어리석게 여긴 적은 없는가?
🔊 하나님이 우리를 전도의 도구로 사용하기 원하신다는 사실에 대해 느낀 점을 말해보라.

6 오늘 공부를 통해 느낀 점을 말하고, 전도대상자 이름을 생각나는 대로 적어보라. 그리고 그들을 위해 합심해서 기도하자.

- ■ 성구 암송 마태복음 4:19, 디모데후서 4:2
- ■ 큐티 누가복음 10:25-37
- ■ 독서 과제 『전도란 무엇인가』 (존 스토트, IVP 역간)
- ■ 생활 과제 매일 한 명 이상에게 복음을 전하고 그 결과 적어오기
- ■ 성경 읽기

복음만이 이 세상을 변화시킬 수 있다. 돈이나 쾌락, 지식은 이 세상을 변화시킬 수 없다. 1790년 남태평양의 핏카린 섬에 27명의 일행이 도착하여 새로운 삶을 시작했다. 그때 한 선원이 술 만드는 일을 시작했다. 얼마 후 그들은 술로 인해 방탕해졌고 악에 빠지고 말았다. 10년 후 이 섬에 살아남은 사람은 백인 남자 한 명과 원주민 여자 몇 명 그리고 혼혈아로 태어난 아이들뿐이었다. 그러던 어느 날 살아남은 백인 남자가 자기들이 타고 온 배의 헌 궤짝에서 성경을 발견했다. 그는 성경을 읽으며 차츰 변화되기 시작했다. 예수님을 믿고 온전히 거듭난 그는 섬의 모든 사람에게 성경을 가르쳤다. 그러자 그들 모두가 복음을 받아들였다. 1808년 그 섬을 지나던 미국 배 토파스 호가 발견한 핏카린 섬은 범죄자도 없고 술도 없을 뿐 아니라 게으름도 없는 아름다운 사회였다고 한다.

복음은 능력이다. 죄악이 보편화된 이 세상의 유일한 소망이다.

20과 전도의 방법

도입

교회에 주어진 가장 중요하고 시급한 일은 전도다. 전도는 예수 그리스도를 통해 구원받은 하나님의 자녀라면 가장 우선적으로, 가장 기쁘게 실천해야 마땅한 일이다. 전도는 이 세상에서 가장 아름답고 가치 있는 일이다. 예수님이 인류를 구원하시려고 자신을 희생하시고 구원의 선물을 주셨다는 기쁜 소식을 전하는 일이기에 그 무엇보다 가장 시급하고 중요한 일이다. 전도는 우리의 노력과 고난이 따르지만, 하나님은 우리가 전도하기를 간절히 원하시며 적극적으로 도우신다.

적용

1. 요한복음 1장 40-42절이 주는 교훈을 살펴보자.

"40요한의 말을 듣고 예수를 따르는 두 사람 중의 하나는 시몬 베드로의 형제 안드레라 41그가 먼저 자기의 형제 시몬을 찾아 말하되 우리가 메시야를 만났다 하고 (메시야는 번역하면 그리스도라) 42데리고 예수께로 오니 예수께서 보시고 이르시되 네가 요한의 아들 시몬이니 장차 게바라 하리라 하시니라(게바는 번역하면 베드로라)."

1 내용을 알기 쉽게 정리해보라.

2 안드레가 예수님을 만난 후 가장 먼저 한 일을 말해보라.
- 형제 시몬에게 복음을 전했다.
- 안드레의 전도로 베드로가 예수님의 수제자가 되었다.
- 전도자가 전도자를 낳는다. 영적 자녀를 낳아야 하나님 나라가 확장되고 하나님이 영광을 받으신다.

3 당신은 형제나 가까운 이웃에게 복음을 전하기 위해 어떤 노력을 하고 있는가?

4 복음을 전하지 않고 있다면 그 이유는 무엇인가?

5 로마서 1장 16절을 읽고 자신의 모습과 비교해 느낀 점을 말해보라.

"내가 복음을 부끄러워하지 아니하노니 이 복음은 모든 믿는 자에게 구원을 주시는 하나님의 능력이 됨이라 먼저는 유대인에게요 그리고 헬라인에게로다."

- 바울은 복음을 부끄러워하지 않았기에 풍성한 전도의 열매를 맺었다.

🔊 복음을 부끄러워하지 말아야 할 이유는 무엇인가?
- 복음은 믿는 자에게 구원을 주시는 하나님의 능력이기 때문이다.

🔊 당신이 아직도 복음 전하는 것을 부끄러워한다면 무엇이 문제라고 생각하는가?
- 복음은 성도에게 가장 큰 자랑거리다. 우리가 자랑해야 할 것은 오직 복음이다. 그럼에도 불구하고 복음을 부끄러워한다면 자신의 신앙상태를 점검해보아야 한다.

2 전도할 때 주의할 점을 디모데후서 2장 23-24절에서 살펴보자.

"²³어리석고 무식한 변론을 버리라 이에서 다툼이 나는 줄 앎이라 ²⁴주의 종은 마땅히 다투지 아니하고 모든 사람에 대하여 온유하며 가르치기를 잘하며 참으며."

1 복음을 전할 때 피해야 할 것은 무엇인가?

- 무식한 변론(논쟁)을 피해야 한다.

🔊 논쟁을 피해야 하는 이유는 무엇일까?

- 논쟁에서 이긴다고 복음이 전파되는 것이 아니다. 논쟁하다 보면 복음 전파의 기회를 놓칠 수 있다. 복음은 성령이 대상자의 마음을 열어주실 때 역사한다. 전도자는 성령을 의지하며 복음을 전해야 한다.

2 복음 전도자에게 필요한 네 가지 덕목을 말해보라.

① 다투지 않는다(복음을 전하는 자는 다투지 않아야 한다. 다툼은 전도를 방해할 뿐이다).
② 모든 사람을 친절하게 대한다(이는 예수님이 사람들을 대하신 모습으로, '온유'와 같은 뜻이다).
③ 잘 가르쳐야 한다(복음을 정확히 이해하고 효과적으로 전달해야 한다).
④ 오래 참아야 한다(복음의 열매는 참고 견딜 때 얻을 수 있다).

3 전도자에게 필요한 것이 무엇인지 알아보자.

1 골로새서 4:3

"또한 우리를 위하여 기도하되 하나님이 전도할 문을 우리에게 열어 주사 그리스도의 비밀을 말하게 하시기를 구하라 내가 이 일 때문에 매임을 당하였노라."

- 바울은 전도의 문이 열리도록 기도의 후원을 부탁하고 있다. 바울 같은 사도도 기도의 후원을 받아 복음을 전했다.

🔊 복음을 전하기 위해 중보기도의 중요성을 얼마나 인식하고 있는가? 실제로 중보기도의 후원을 받고 있다면 그 열매에 대해 말해보라.

2 사도행전 4:29

"주여 이제도 그들의 위협함을 굽어보시옵고 또 종들로 하여금 담대히 하나님의 말씀을 전하게 하여 주시오며."

- 전도는 악한 영들과의 싸움이다. 복음을 방해하고 핍박하는 자들에게서 지켜달라고 기도해야 한다.
- 전도는 기도를 통해 열매를 맺고, 기도는 전도의 가장 강력한 도구가 된다는 것을 명심해야 한다. 기도하지 않고 전도하는 것은 하나님의 도움 없이 자기 힘으로 하려는 교만이다.

🔊 당신은 전도를 위해 얼마나 기도하는가?
🔊 기도로 말미암아 전도 현장에서 누린 은혜가 있으면 말해보라.

4 성경에 나타난 예수님의 전도 방법을 마태복음 9장 10-12절에서 살펴보자.

"¹⁰예수께서 마태의 집에서 앉아 음식을 잡수실 때에 많은 세리와 죄인들이 와서 예수와 그의 제자들과 함께 앉았더니 ¹¹바리새인들이 보고 그의 제자들에게 이르되 어찌하여 너희 선생은 세리와 죄인들과 함께 잡수시느냐 ¹²예수께서 들으시고 이르시되 건강한 자에게는 의사가 쓸 데 없고 병든 자에게라야 쓸 데 있느니라."

1 내용을 알기 쉽게 정리해보라.

2 예수님과 함께 식사를 한 세리와 죄인에 대해 아는 대로 말해보라.

- 세리는 세금을 징수하는 관리로서 로마 정부가 요구하는 이상의 세금을 거두어 자기 몫으로 착복했기에 사람들에게 부정직한 자, 매국노로 여겨졌다. 예수님의 사도가 된 레위인 마태 그리고 예수님을 만난 세리장 삭개오 등이 세리였다.
- 사람들은 창기와 포주 그리고 세리를 대표적인 죄인으로 여겼다. 이들은 자신들의 죄로 갈등하고 번민했다.

3 예수님은 그들과 어떻게 식사하실 수 있었을까?

- 영혼을 향한 사랑의 마음을 가지셨기에 모두가 외면하는 사람들과 식사하실 수 있었다.
- 전도는 영혼을 사랑하는 마음에서 시작되어야 한다.

🔊 죄인들을 향한 예수님의 사랑을 보고 느낀 점을 말해보라.
🔊 영혼을 얼마나 사랑하는지 각자 자신을 점검해보자.

4 예수님은 그들과 어떤 방법으로 접촉하셨는가?

- 함께 식사하셨다.

🔊 당신은 전도대상자들을 어떻게 사귀고 있는가?
🔊 전도대상자들과 좋은 관계를 맺는 방법에 대해 토의해보자.

> 다른 사람을 그리스도께 인도하고자 하는 사람은 무엇보다 그의 영혼을 사랑할 줄 알아야 한다.
>
> R. A. 토레이 미국의 목사

---

5 디모데전서 2장 4절을 읽고 느낀 점을 말해보라.

"하나님은 모든 사람이 구원을 받으며 진리를 아는 데에 이르기를 원하시느니라."

- 하나님은 모든 사람이 구원받기를 원하신다.

🔊 하나님의 마음과 당신의 마음과는 어떤 차이가 있는가?

6 오늘 공부를 통해 결단한 것을 서로 나누고, 전도대상자들을 위해 합심해서 기도하자.

- ■ 성구 암송　로마서 1:16, 디모데전서 2:4
- ■ 큐티　　　 로마서 12:4-8
- ■ 독서 과제　『전도를 즐기는 삶』(하진승, 네비게이토)
- ■ 생활 과제　전도대상자를 찾아가 섬기기(두 명 이상을 섬기고 그 결과 적어오기)
- ■ 성경 읽기

하나님은 어떤 사람도 포기하지 않으신다. 예수님도 다른 사람들에게 손가락질당하고 비난받았던 죄인과 세리 그리고 창기들에게 복음을 전하셨다. 당신이 마음으로 이미 포기한 사람들도 하나님의 전도대상자 명단에 들어 있음을 안다면 결코 실망하거나 좌절할 이유가 없다. 우리의 소원은 언제나 전도여야 한다. 전도는 어렵지 않다. "증거한다는 것은 주 예수 그리스도를 잘 보고 그것을 다른 사람에게 말해주는 것이다"고 한 네비게이토 선교회 회장 론 쎄니의 말처럼 복음을 전하는 것 자체가 능력이기 때문이다. 그리고 안드레가 형제인 베드로를 예수님께 데려가자 예수님이 그를 수제자로 삼으셨던 것처럼 오늘도 당신이 주님께 데려와야 할 사람이 너무나 많다. 당신은 지금까지 몇 명이나 주님께 데려왔는가?

21과 전도의 열매

도입

우리 삶은 전도에 큰 영향을 미친다. 전도하기를 원하면 그리스도가 우리에게 해주신 일을 다른 사람들에게 보여주어야 한다. 전도를 위해서는 인내해야 한다. 아프리카 전도에 헌신한 모펫 선교사는 전도의 제1요건은 인내, 제2요건도 인내, 제3요건도 인내라고 말했다. 열매를 맺기까지 인내해야 하는 것이다. 구체적으로 전도를 실천하는 삶을 살자. 주님의 뜻에 순종하는 마음을 가지면 하나님이 도우실 것이고, 놀라운 열매를 보게 될 것이다.

적용

1. 마태복음 5장 16절이 주는 교훈을 살펴보자.

"이같이 너희 빛이 사람 앞에 비치게 하여 그들로 너희 착한 행실을 보고 하늘에 계신 너희 아버지께 영광을 돌리게 하라."

- 빛은 죄로 인해 어두워진 세상을 비춘다. 성도들의 착한 행실은 불신자들이 자신들의 잘못된 삶을 돌이켜 살아계신 하나님 앞에 나오는 데 큰 영향을 끼친다.

🔊 당신의 변화된 삶을 보고 주님 앞에 나온 사람이 있는가?

🔊 당신의 잘못된 행동이 전도에 방해가 된 적은 없는지 말해보라.

🔊 당신은 직장이나 인간관계에서 어떤 선한 영향을 끼치고 있다고 생각하는가?

🔊 전도에 방해가 되는 잘못된 습관이나 언어생활이 있다면 말해보라.

2 사도행전 8장 26-35절에서 빌립의 전도에 대해 살펴보자.

"²⁶주의 사자가 빌립에게 말하여 이르되 일어나서 남쪽으로 향하여 예루살렘에서 가사로 내려가는 길까지 가라 하니 그 길은 광야라 ²⁷일어나 가서 보니 에디오피아 사람 곧 에디오피아 여왕 간다게의 모든 국고를 맡은 관리인 내시가 예배하러 예루살렘에 왔다가 ²⁸돌아가는데 수레를 타고 선지자 이사야의 글을 읽더라 ²⁹성령이 빌립더러 이르시되 이 수레로 가까이 나아가라 하시거늘 ³⁰빌립이 달려가서 선지자 이사야의 글 읽는 것을 듣고 말하되 읽는 것을 깨닫느냐 ³¹대답하되 지도해 주는 사람이 없으니 어찌 깨달을 수 있느냐 하고 빌립을 청하여 수레에 올라 같이 앉으라 하니라 ³²읽는 성경 구절은 이것이니 일렀으되 그가 도살자에게로 가는 양과 같이 끌려갔고 털 깎는 자 앞에 있는 어린 양이 조용함과 같이 그의 입을 열지 아니하였도다 ³³그가 굴욕을 당했을 때 공정한 재판도 받지 못하였으니 누가 그의 세대를 말하리요 그의 생명이 땅에서 빼앗김이로다 하였거늘 ³⁴그 내시가 빌립에게 대답하여 말하되 청컨대 내가 묻노니 선지자가 이 말한 것이 누구를 가리킴이냐 자기를 가리킴이냐 타인을 가리킴이냐 ³⁵빌립이 입을 열어 이 글에서 시작하여 예수를 가르쳐 복음을 전하니."

1 내용을 쉽게 요약해보라.

2 하나님이 빌립에게 어떤 명령을 하셨는가?(26절)

- 가사로 내려가는 남쪽 길 광야로 가라고 하셨다.
- 가사는 예루살렘에서 서남쪽으로 70킬로미터 지점에 위치한 가나안의 도시로 보인다(창 10:19).
- 광야는 사람들의 이동이 드문 곳이다.

3 빌립의 태도에서 배울 점은 무엇인가?

• 그는 하나님께 즉시 순종했다.

🔊 당신은 전도에 대한 성령의 요구를 왜 미루고 있는가?

4 빌립이 하나님의 인도하심을 받았을 때 어떤 결과가 나타났는가?(27, 36절)

• 에디오피아의 권세 있는 내시에게 복음을 전하고 세례를 주었다.
• 성령이 전도할 대상을 이미 예비하신 상태에서 빌립에게 말씀하셨다.
• 성령이 전도에 적극적으로 개입하셨음을 알 수 있다.

🔊 성령의 인도를 받아 전도의 열매를 맺은 경험이 있으면 말해보라.

3 전도할 때 성령이 어떻게 사역하시는지 요한복음 14장 26절에서 살펴보자.

"보혜사 곧 아버지께서 내 이름으로 보내실 성령 그가 너희에게 모든 것을 가르치고 내가 너희에게 말한 모든 것을 생각나게 하리라."

• 전도할 때 성령이 모든 것을 가르치시고 생각나게 하신다.

🔊 전도할 때 성령이 전할 말씀을 생각나게 하시고 도우시는 은혜를 경험하는가?

4 고린도전서 9장 19절에서 전도의 열매를 위해 전도자에게 무엇을 요구하고 있는가?

"내가 모든 사람에게서 자유로우나 스스로 모든 사람에게 종이 된 것은 더 많은 사람을 얻고자 함이라."

• 바울은 자유인이지만 많은 사람을 전도하기 위해 스스로 많은 사람의 종이 되었다.

🔊 더 많은 영혼을 전도하기 위해 내려놓아야 할 것이 있으면 말해보라.

5 디모데후서 4장 5절이 주는 교훈을 살펴보자.

"그러나 너는 모든 일에 신중하여 고난을 받으며 전도자의 일을 하며 네 직무를 다하라."

1 내용을 알기 쉽게 정리해보라.

2 전도의 열매를 맺기 위해 어떤 자세가 필요한지 말해보라.

- 신중하라(항상 자신을 살피라).
- 고난을 받으라(고난받는 것을 두려워하지 마라).
- 전도자의 일을 하라(전도자로서 해야 할 일을 잘하라).
- 직무를 다하라(맡은 일을 잘 감당하라).

3 이 말씀에 비추어 당신이 전도자로서 가장 시급하게 고쳐야 할 자세는 무엇이라고 생각하는가?

6 전도의 결과에 대해 다음 성구들에서 살펴보자.

1 빌립보서 4:1

"그러므로 나의 사랑하고 사모하는 형제들, 나의 기쁨이요 면류관인 사랑하는 자들아 이와 같이 주 안에 서라."

- 바울이 맺은 전도의 열매인 빌립보 성도들은 바울의 기쁨이며 면류관이었다.

🔊 지금까지 전도한 사람 가운데 주님의 일꾼으로 잘 섬기고 있는 사람이 있으면 말해보라.

🔊 당신에게 이제까지 전도의 열매가 없다면 어떻게 해야 할까? 각오를 말해보라.

2 데살로니가전서 2:19

"우리의 소망이나 기쁨이나 자랑의 면류관이 무엇이냐 그가 강림하실 때 우리 주 예수 앞에 너희가 아니냐."

- 전도의 열매는 소망과 기쁨, 자랑으로, 주님 앞에 갔을 때 큰 상급(면류관)을 받는다.
- 상급이 기대되는가? 지금까지 전도로 인해 받을 상급은 얼마나 된다고 생각하는가?

3 다니엘 12:3

"지혜 있는 자는 궁창의 빛과 같이 빛날 것이요 많은 사람을 옳은 데로 돌아오게 한 자는 별과 같이 영원토록 빛나리라."

- 전도가 얼마나 중요하며 그 결과가 얼마나 대단한가를 말씀하고 있다.
- 많은 사람을 주님께 인도한 사람은 영원히 빛나게 된다(가장 값진 인생을 산 사람이다).

🔊 이 말씀을 읽고 느낀 점을 말해보라.

7 말씀을 통해 깨달은 점과 결단한 것을 말해보라.

8 각자 전도대상자 이름을 적고 이름을 불러가며 함께 기도하자.

- ■ 성구 암송   마가복음 8:35–36, 고린도전서 2:10
- ■ 큐티   요한복음 14:12–13
- ■ 독서 과제   『섬김』(배창돈, 필로)
- ■ 생활 과제   새 가족반으로 한 사람 인도하기
- ■ 성경 읽기

어떤 사람은 자기 삶에 자신이 없어서 복음을 전할 수 없다고 말한다. 또 어떤 사람은 자기 삶 자체로 복음을 전하겠다고 말한다. 그러나 그렇게 해서는 아무런 열매도 맺을 수 없다. 왜냐하면 훌륭한 인격자가 되는 것만으로는 예수님의 대속의 죽음과 부활 그리고 구주 되심을 증거할 수 없기 때문이다. 주님은 우리에게 나가서 복음을 전하라고 말씀하신다. 주님이 나가라고 하실 때 그 명령에 순종해야 전도의 열매를 맺을 수 있다. 빌립이 하나님의 뜻에 순종했을 때 그는 내시 한 사람에게 복음을 전한 것이 아니라 아프리카 대륙에 복음의 씨앗을 뿌리는 엄청난 결과를 이루었다. 주님의 말씀을 들었는가? 그러면 지금 나가서 전도를 시작하라. 당신이 전도하고 있을 때 하나님은 당신을 위해 면류관을 준비하신다.

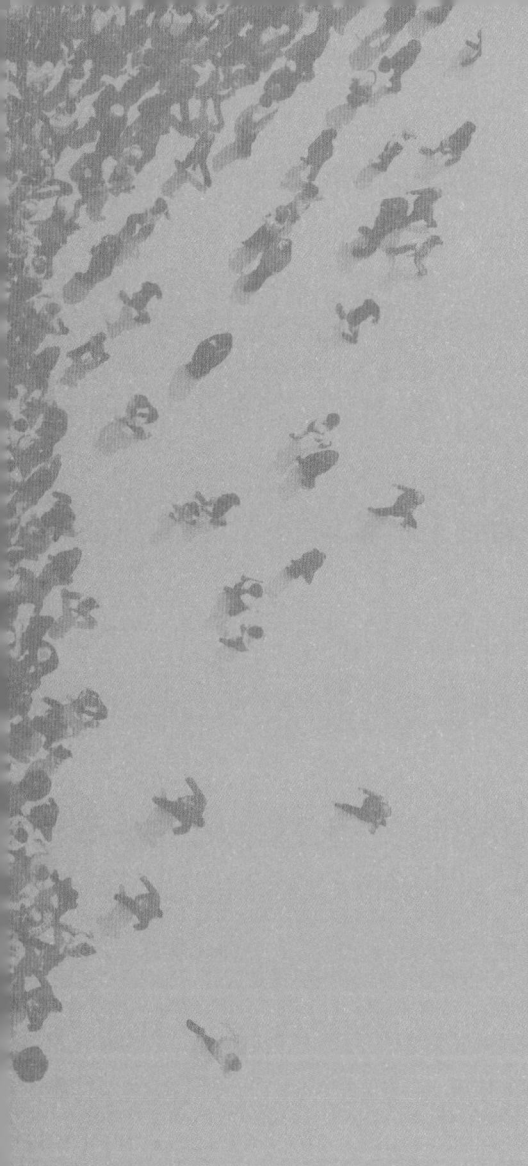

3단원

성숙한 제자

22과 생명력 있는 신앙생활

도입

오랫동안 신앙생활을 했음에도 불구하고 생명력 있는 삶을 살지 못하고 있다면 신앙생활의 어느 부분에 구멍이 뚫려 있는 것이 분명하다. 믿음은 하나님의 자녀 된 기쁨을 누리며 사는 것이다. 하나님 자녀는 하나님에게서 받은 사랑에 감격하며 산다. 단지 성경을 많이 알고 도덕적 식견을 갖춘 것을 믿음으로 착각하는 사람들 때문에 일어나는 부작용이 얼마나 많은지 모른다. 생명력 있는 신앙생활이란 무엇인지 공부해보기로 하자.

적용

1 시편 37편 23-28절이 주는 교훈을 살펴보자.

"²³여호와께서 사람의 걸음을 정하시고 그의 길을 기뻐하시나니 ²⁴그는 넘어지나 아주 엎드러지지 아니함은 여호와께서 그의 손으로 붙드심이로다 ²⁵내가 어려서부터 늙기까지 의인이 버림을 당하거나 그의 자손이 걸식함을 보지 못하였도다 [26]그는 종일토록 은혜를 베풀고 꾸어 주니 그의 자손이 복을 받는도다 [27]악에서 떠나 선을 행하라 그리하면 영원히 살리니 [28]여호와께서 정의를 사랑하시고 그의 성도를 버리지 아니하심이로다 그들은 영원히 보호를 받으나 악인의 자손은 끊어지리로다."

1 내용을 쉽게 요약해보라.

여호와는 사람의 가는 길을 기뻐하시면 그의 발걸음을 굳게 붙잡아주신다. 비틀거릴지라도 넘어지지 않는다. 이는 여호와가 그의 손을 붙잡고 계시기 때문이다. 내가 이제껏 살면서 여호와가 의로운 사람을 내버려두시는 것과 그의 자녀들이 구걸하는 것을 보지 못했다. 의로운 사람은 항상 넉넉하여 다른 사람에게 나눠주기를 좋아하기에 그들의 자손은 복을 받는다. 악한 일을 하지 않고 착한 일을 하면 땅에서 영원히 살게 될 것이다. 여호와는 올바른 사람을 사랑하시고 신실한 사람을 버리지 않으신다. 여호와는 그들을 언제나 지키시지만 악한 자의 자손은 죽게 될 것이다.

2 하나님이 기뻐하시는 삶을 살면 어떤 결과가 나타날까?(23-24절)

- 그가 넘어지지 않도록 하나님이 손으로 붙잡아주신다.

🔊 하나님 말씀대로 살았을 때 하나님이 붙잡아주신 경험이 있으면 말해보라.

3 하나님은 어떤 자의 후손에게 복을 주시는가?(25-26절)

- 의인을 향한 하나님의 관심은 그의 후손에게까지 이른다.
- 의인의 후손 중에는 구걸하는 자가 없다.
- 나누어주기를 좋아한 의인의 후손들에게는 하나님이 복으로 채워주신다.

🔊 오늘의 내 삶이 후손에게까지 영향을 미친다는 사실에서 깨달은 점은 무엇인가?

4 28절에서 성도와 악인은 각각 어떤 결과를 얻게 되는가?

- 성도: 여호와가 그를 사랑하시고 떠나지 않으실 뿐 아니라 영원히 지키신다.
- 악인: 자손이 끊어진다.

🔊 하나님은 우리의 삶을 간섭하신다. 이 사실에 자신의 삶을 비추어볼 때 어떤 생각이 드는가?

2 마태복음 1장 23절이 의미하는 바를 살펴보자.

"보라 처녀가 잉태하여 아들을 낳을 것이요 그의 이름은 임마누엘이라 하리라 하셨으니 이를 번역한즉 하나님이 우리와 함께 계시다 함이라."

1 "임마누엘"의 의미에 대해 아는 대로 설명하라.

- 히브리어의 '임'은 '함께', '마누'는 '우리', '엘'은 '하나님'이란 뜻으로, '하나님이 우리와 함께 계시다'는 뜻이다.
- 예수님을 믿는 순간 하나님이 우리와 함께하신다.

2 하나님이 함께하신다는 확신 때문에 누리는 유익에 대해 말해보라.

🔊 당신은 언제부터 하나님이 함께하심을 확신했는가?
🔊 지극히 사랑하는 사람과 함께할 때 어떤 기분이 드는지 말해보라.

3 시편 16편 8-9절이 주는 교훈을 살펴보자.

"⁸내가 여호와를 항상 내 앞에 모심이여 그가 나의 오른쪽에 계시므로 내가 흔들리지 아니하리로다 ⁹이러므로 나의 마음이 기쁘고 나의 영도 즐거워하며 내 육체도 안전히 살리니."

1 내용을 알기 쉽게 정리해보라.

2 하나님을 항상 내 앞에 모신다는 의미는 무엇일까?

- 살아계신 하나님이 함께하신다는 확신을 가지고 살아간다는 뜻이다.
- 하나님과 함께 하나님의 인도하심을 따라 사는 삶이다.

3 하나님을 항상 내 앞에 모시고 살아갈 때 어떤 유익이 있을까?

🔊 각자 자신의 경험을 말해보라.

- 위기 앞에서 담대함. 죄의 유혹을 이김. 모든 일을 주님께 여쭙고 행함. 마음의 여유와 평안함, 기쁨 등

4 하나님이 우편에 계신다는 의미는 무엇일까?

- 우편은 힘과 권세의 상징으로 하나님의 도우시는 강력한 힘을 말한다.

🔊 하나님의 강력한 도우심을 경험한 적이 있으면 말해보라.

4 창세기 5장 21-24절이 주는 교훈을 말해보자.

"²¹에녹은 육십오 세에 므두셀라를 낳았고 ²²므두셀라를 낳은 후 삼백 년을 하나님과 동행하며 자녀들을 낳았으며 ²³그는 삼백육십오 세를 살았더라 ²⁴에녹이 하나님과 동행하더니 하나님이 그를 데려가시므로 세상에 있지 아니하였더라."

1 에녹에 대해 아는 대로 말해보라.

- 아담의 7대손인 야렛의 아들이며 므두셀라의 아버지로 365년 동안 이 땅에 살다가 죽음을 보지 않고 하늘나라로 갔다.

2 에녹이 죽음을 보지 않은 이유는 무엇이라고 생각하는가?(히 11:5)

- 에녹에 대한 특별한 행적이나 사역은 성경에 기록되어 있지 않다. 그가 하나님과 동행했다는 것이 유일한 기록으로 하나님과 동행한 그의 삶을 하나님은 높게 평가하신 것으로 보인다.

"믿음으로 에녹은 죽음을 보지 않고 옮겨졌으니 하나님이 그를 옮기심으로 다시 보이지 아니하였느니라 그는 옮겨지기 전에 하나님을 기쁘시게 하는 자라 하는 증거를 받았느니라."

- 하나님이 에녹을 하늘로 데려가시기 전 그가 하나님을 기쁘시게 한 증거는 바로 동행이다.

🔊 하나님이 자신과 동행한 것을 이렇게 놀랍도록 높게 평가하신 것을 보며 느낀 점을 말해보라.

❸ 에녹이 삼백 년 동안 주님과 동행한 것에서 어떤 교훈을 받을 수 있는지 말해 보라.

- '동행'이란 '함께 걷다'는 뜻이다. 그 당시 타락하고 부패한 세상에서 에녹이 삼백 년 동안이나 하나님을 늘 곁에 모시고 함께했다는 것은 놀라운 일이다. 하나님은 이런 에녹에게 감동하셨을 것이다.

🔊 하나님과 동행하는 삶은 어떤 것인지 토의해보자.

❹ 자신이 하나님과 어떻게 동행하고 있는지 생각해보라(계 3:20).

🔊 예배당 안에서 또는 예배 시간에만 주님과 동행하고 있지는 않은가?
🔊 요구 사항이나 어려운 일이 있을 때만 주님을 찾지 않는가?

"볼지어다 내가 문 밖에 서서 두드리노니 누구든지 내 음성을 듣고 문을 열면 내가 그에게로 들어가 그와 더불어 먹고 그는 나와 더불어 먹으리라."

- 우리 안에 계셔서 언제나 우리와 함께하시는 주님께 모든 문제를 맡기고 의논해야 한다.

우리는 누가 나를 돕는지 아니면 방해하는지를 알려고 애쓸 필요가 없다. 우리에게 가장 중요한 것은 우리가 하는 모든 일에 하나님이 함께 계신가 계시지 않는가 하는 것이다. 하나님이 도우시는 사람을 누구도 능히 해할 수 없다.   토마스 아 켐피스

5 다음 성구들의 내용을 정리하고 느낀 점을 말해보라.

1 요한복음 10장 11절을 읽고 양의 특징에 대해 그리고 목자가 양을 위해 하는 일에 대해 열거하고 느낀 점을 말해보라.

"나는 선한 목자라 선한 목자는 양들을 위하여 목숨을 버리거니와."

1. 목자가 양을 위해 하는 일

① 언제나 양과 함께함
② 양의 모든 필요를 채움
③ 양의 보호자로서 목숨 걸고 양의 안전을 지킴
④ 양을 먹임

2. 양의 특징

① 방어 능력과 공격 능력이 없음
② 혼자서 장애물을 해결하지 못함
③ 지독한 근시임
④ 방향 감각이 없음

3. 느낀 점

- 목자는 양의 생명이 될 뿐 아니라 삶의 근거가 된다.

🔊 양이 목자를 무시하면 어떻게 될까?

🔊 자신이 양인 것을 잊고 살았다면 앞으로 어떤 점을 고쳐야 하는지 말해보라.

- 양은 주인이 부르면 잘 따른다. 당신은 주님의 음성을 무시하는 어리석은 양은 아닌지 생각해보라.

2 이사야 41장 10절에서 하나님이 함께하시므로 누리는 특권과 느낀 점을 말해 보라.

"두려워하지 말라 내가 너와 함께 함이라 놀라지 말라 나는 네 하나님이 됨이라 내가 너를 굳세게 하리라 참으로 너를 도와 주리라 참으로 나의 의로운 오른손으로 너를 붙들리라."

- 굳세게 해주심, 참으로 도와주심, 의로운 오른손으로 붙잡아주심, 원수를 친히 대적해주심

6 각자 결단한 것을 말하고 서로를 위해 함께 기도하자.

- ■ 성구 암송   요한복음 16:33, 로마서 8:31
- ■ 큐티   에베소서 1:15-23
- ■ 독서 과제   『하나님의 임재 연습』(로렌스 형제, 규장 역간),
- ■ 생활 과제   자녀들을 하루 한 가지 이상 칭찬해주고, 사랑한다고 말하면서 꼭 안아주기/ 하나님과 동행하기 위해 구체적으로 실천할 일을 결단하고 결과 써오기
- ■ 성경 읽기

예수님을 구세주로 영접하는 순간 주님은 우리와 동행하신다는 사실을 알아야 한다. 결혼한 신부가 그 곁에서 동행하고 있는 신랑을 외면하고 살 수는 없다. 주님은 우리와 언제나 함께하시고 역사하시는 분이다. 스코틀랜드의 복음 전도자인 헨리 드러먼드 교수는 "날마다 10분씩 예수 그리스도와 함께 지내면, 아니 단 2분만이라도 그분과 함께한다면 삶의 모든 것이 새롭게 전개될 것이다"고 말했다. 이는 동행의 능력이 얼마나 대단한지를 보여주는 하나의 예에 불과하다. 지금 이 시간 주님이 당신과 함께하고 계심을 믿으라. 그분의 음성에 귀를 기울이라. 그리고 당신의 모든 문제를 내어놓고 도움을 청하라. 그러면 놀라운 결과를 얻게 될 것이다.

23과 순결한 삶

도입

우리가 살고 있는 이 세상은 죄에 대해 무감각하다. 자신의 욕심을 채우기 위해 죄를 너그럽게 용납하는 시대에 살고 있는 것이다. 교회 안에서까지 기본적인 윤리가 무너지고 있다는 것은 너무나 안타까운 일이다. 웬만한 죄악은 당연시하는 풍조가 교회 안까지 들어온다면 이는 교회의 존폐와 직결되는 문제가 아닐 수 없다. 순결은 성도가 마땅히 추구해야 할 삶의 본질임에도 순결과 점점 멀어지고 있는 세상에서 하나님이 교회와 성도 개개인의 순결을 얼마나 강하게 요구하시는지 공부하도록 하자.

적용

1 사도행전 5장 1-11절이 주는 교훈을 살펴보자.

"¹아나니아라 하는 사람이 그의 아내 삽비라와 더불어 소유를 팔아 ²그 값에서 얼마를 감추매 그 아내도 알더라 얼마만 가져다가 사도들의 발 앞에 두니 ³베드로가 이르되 아나니아야 어찌하여 사탄이 네 마음에 가득하여 네가 성령을 속이고 땅 값 얼마를 감추었느냐 ⁴땅이 그대로 있을 때에는 네 땅이 아니며 판 후에도 네 마음대로 할 수가 없더냐 어찌하여 이 일을 네 마음에 두었느냐 사람에게 거짓말한 것이 아니요 하나님께로다 ⁵아나니아가 이 말을 듣고 엎드러져 혼이 떠나니 이 일을 듣는 사람이 다 크게 두려워하더라 ⁶젊은 사람들이 일어나 시신을 싸서 메고 나가 장사하니라 ⁷세 시간쯤 지나 그의 아내가 그 일어난 일을 알지 못하고 들어오니 ⁸베드로가 이르되 그 땅 판 값이 이것뿐이냐 내게 말하라 하니 이르되 예 이것뿐이라 하더라 ⁹베드로가 이르되 너희가 어찌 함께 꾀하여 주의 영을 시험하려 하느냐 보라 네 남편을 장사하고 오는 사람들의 발이 문 앞에 이르렀으니 또 너를 메어 내가리라 하니 ¹⁰곧 그가 베드로의 발 앞에 엎드러져 혼이 떠나는지라 젊은 사람들이 들어와 죽은 것을 보고 메어다가 그의 남편 곁에 장사하니 ¹¹온 교회와 이 일을 듣는 사람들이 다 크게 두려워하니라."

1 내용을 알기 쉽게 정리해보라.

2 아나니아와 삽비라는 어떤 죄를 범했는가?
- 인정받고 싶은 명예심 때문에 모든 소유를 다 드린 것처럼 거짓말했다.
- 바나바가 밭을 팔아 드린 것(행 4:36-37)을 보고 자신도 인정받고 싶은 생각에 거짓을 행했다.

🔊 당신도 사람들에게 인정받고 싶은 마음 때문에 범죄한 적은 없는가?

3 아나니아와 삽비라가 너무 쉽게 생각한 것은 무엇인가?(3-4절)
- 그들은 자신들의 모든 행동이 하나님 앞에서 드러난다는 사실을 잊고 있었다.
- 하나님 앞에서 드러나지 않는 죄는 없다.

🔊 우리의 모든 행동이 하나님 앞에서 드러난다는 사실은 당신에게 어떤 교훈을 주는가?

4 아나니아와 삽비라에게 왜 이렇게 가혹한 결과가 주어졌다고 생각하는가?
- 하나님은 교회가 순결함을 잃고 개인적인 욕심(명예심)에 농락당하는 것을 결코 원하지 않으심을 보여주신 것이다.
- 초대교회는 후세 모든 교회의 모델이다. 교회가 개인의 욕심 때문에 순결성을 잃어 교회의 역할에 방해가 되어서는 안 되기 때문에 결과가 가혹했다.

5 아나니아와 삽비라 부부의 문제점을 말해보라.

• 부부 모두 죄악에 무감각했다. 한 사람이라도 배우자의 잘못을 지적했다면 두 사람 모두 이런 비극적인 결말을 맞지 않았을 것이다.

🔊 당신은 배우자의 잘못에 대해 어떻게 대처하는가?

6 본문 말씀을 보며 가책을 받는 일은 없는가? 있다면 허심탄회하게 말하고 깨달은 점을 나누라.

🔊 주님을 향한 헌신이라는 미명 아래 교회를 어지럽히는 사람들이 많이 있다. 자신의 경험에 비추어 말해보라.

🔊 직분에 대한 욕심 때문에 어려움을 당했거나 교회에서 문제를 일으킨 경우가 있으면 말해보라.

2 고린도전서 6장 18-20절에서 순결의 중요성에 대해 살펴보자.

"¹⁸음행을 피하라 사람이 범하는 죄마다 몸 밖에 있거니와 음행하는 자는 자기 몸에 죄를 범하느니라 ¹⁹너희 몸은 너희가 하나님께로부터 받은 바 너희 가운데 계신 성령의 전인 줄을 알지 못하느냐 너희는 너희 자신의 것이 아니라 ²⁰값으로 산 것이 되었으니 그런즉 너희 몸으로 하나님께 영광을 돌리라."

1 내용을 알기 쉽게 정리해보라.

2 음행이 그 밖의 죄와 다른 점은 무엇인가?

• 음행은 자기 몸에 죄를 범하는 것으로서, 이는 몸을 더럽히는 것을 의미한다.
• 음행은 하나님 형상대로 지어진 인격을 파괴하는 범죄기도 하다.

3 음행에서 우리 자신을 지켜야 할 세 가지 이유는 무엇인가? (19-20절)

① 우리 몸은 성령이 거하시는 성령의 전이기 때문이다.

🔊 당신은 성령의 전인 몸을 음행으로부터 피하기 위해 어떤 노력을 하고 있는지 말해보라.

② 그리스도가 값으로 사셨기에 우리 몸의 소유권은 주님께 있다.

🔊 소유권이 주님께 있다는 것은 우리 몸을 어떻게 사용해야 한다는 말인가?
- 주님이 빌려주신 귀한 몸이기에 음행으로 더럽히지 말고 주의 뜻대로 사용해야 한다.

③ 몸을 통해 하나님께 영광을 돌려야 한다.
- 몸을 잘 관리하는 것도 하나님을 기쁘시게 해드리는 것이다.

3 음행에서 자신을 지키기 위해 어떻게 해야 할까? 요셉의 경우를 살펴보자(창 39:8-12).

"⁸요셉이 거절하며 자기 주인의 아내에게 이르되 내 주인이 집안의 모든 소유를 간섭하지 아니하고 다 내 손에 위탁하였으니 ⁹이 집에는 나보다 큰 이가 없으며 주인이 아무 것도 내게 금하지 아니하였어도 금한 것은 당신뿐이니 당신은 그의 아내임이라 그런즉 내가 어찌 이 큰 악을 행하여 하나님께 죄를 지으리이까 ¹⁰여인이 날마다 요셉에게 청하였으나 요셉이 듣지 아니하여 동침하지 아니할 뿐더러 함께 있지도 아니하니라 ¹¹그러할 때에 요셉이 그의 일을 하러 그 집에 들어갔더니 그 집 사람들은 하나도 거기에 없었더라 ¹²그 여인이 그의 옷을 잡고 이르되 나와 동침하자 그러나 요셉이 자기의 옷을 그 여인의 손에 버려두고 밖으로 나가매."

- 요셉이 하나님 앞에서 죄를 범할 수 없다며 단호하게 거절할 수 있었던 것은 그가 살아계신 하나님을 항상 의식하며 살았기 때문이다.
- 요셉은 유혹받을 수 있는 환경을 만들지 않았다. 주인의 아내와 함께 있지 않았고, 유혹받는 상황에서는 그 자리를 적극적으로 피했다(고전 5:9).

"내가 너희에게 쓴 편지에 음행하는 자들을 사귀지 말라 하였거니와."

🔊 음행의 유혹이 올 때 당신은 어떻게 대처하는가?

4 하나님이 우리에게 원하시는 순결의 수준에 대해 살펴보라.

1 마태복음 5:28

"나는 너희에게 이르노니 음욕을 품고 여자를 보는 자마다 마음에 이미 간음하였느니라."

• 음란한 생각으로 여자를 바라본다면 그것은 이미 마음속으로 간음한 것이다.

🔊 마음의 순결을 지키기 위해 어떻게 해야 할까?

2 에베소서 5:3

"음행과 온갖 더러운 것과 탐욕은 너희 중에서 그 이름조차도 부르지 말라 이는 성도에게 마땅한 바니라."

• 음행과 온갖 더러운 것은 입에조차 담아서는 안 된다.

🔊 이런 더러운 말을 입에 담은 경험이 있으면 솔직히 말해보라.
🔊 예수님을 믿기 전과 믿은 후 달라진 언어생활에 대해 말해보라.

> 죄악은 고귀한 신념과 순결한 감정까지도 흐려놓으며 자신에 대한 확신과 하나님에 대한 신앙을 헐어버린다.
> 페스탈로치 스위스의 교육가

5 음행의 결과에 대해 살펴보라.

1 히브리서 13:4

"모든 사람은 결혼을 귀히 여기고 침소를 더럽히지 않게 하라 음행하는 자들과 간음하는 자들을 하나님이 심판하시리라."

- 음행은 하나님이 허락하신 결혼을 유지하지 못하도록 하기에 심판의 대상이 된다.
- 음행은 하나님이 만드신 가정을 깨뜨리므로 사회 전체를 타락하게 한다.

🔊 당신은 순결한 결혼생활 유지하기 위해 어떤 노력을 하고 있는가?

2 야고보서 4:4

"간음한 여인들아 세상과 벗된 것이 하나님과 원수 됨을 알지 못하느냐 그런즉 누구든지 세상과 벗이 되고자 하는 자는 스스로 하나님과 원수 되는 것이니라."

- "하나님과 원수 되는 것"은 영적 침체에 빠져 하나님과 멀어지는 것을 말한다.

🔊 음행이 초래하는 엄청난 결과를 보고 느낀 점을 말하라.

3 유다서 1:7

"소돔과 고모라와 그 이웃 도시들도 그들과 같은 행동으로 음란하며 다른 육체를 따라 가다가 영원한 불의 형벌을 받음으로 거울이 되었느니라."

- 음행은 한 나라를 망하게 한다. 소돔과 고모라의 멸망은 다음 세대의 본보기가 된다.
- 이 시대 성적 문란의 문제를 위해 그리고 나라를 위해 간절히 기도하자.

6 오늘 공부를 통해 느낀 점과 결단한 것을 말하고 합심해서 기도하자.

- ■ 성구 암송　고린도후서 7:1, 에베소서 5:3
- ■ 큐티　　　　시편 51:1-12
- ■ 독서 과제　『그 길에서 서성이지 말라』(랜디 알콘, 디모데 역간)
- ■ 생활 과제　배우자에게 사랑 표현하기(매일 '사랑합니다'라고 말하거나, 입맞춤하거나, 안아주기)
- ■ 성경 읽기

미국의 남부 캘리포니아에서 자라는 후추나무는 아름답지는 않지만 언제나 청결함을 유지한다고 한다. 그 비결은 주변에 아무리 먼지가 많을지라도 나뭇잎에서 분비되는 물질이 어떤 먼지도 묻지 않도록 막아주기 때문이라는 것이다. 땅에서 얻는 좋은 열매는 모두 청결함을 유지할 때만 가능하다. 그리스도인의 마음이 텅 비어 있거나 세상적인 욕심으로 가득 차 있다면 외적인 유혹을 이길 수 없다. 오직 하나님의 말씀으로 마음을 채워 거룩함을 유지할 때만 능력 있는 그리스도인이 되어 쓰임받을 수 있다. 겉은 요란해도 병든 그리스도인 대부분은 열매 없는 초라한 마지막을 맞이하게 된다. 요셉의 위대함은 하나님 앞에서 거룩함을 추구했기 때문이다.

24과 건강한 가정생활

도입

가정은 따뜻하고 웃음이 넘치는 공동체여야 한다. 서로 믿고 의지하며 위로하는 아름다운 곳이어야 한다. 가정은 사람의 생애에서 가장 큰 영향을 받는 곳이다. 가정은 사람을 교육할 수 있는 가장 이상적인 장소다. 건강한 가정에서 건강한 사람이 자라난다. 가정이 파괴되면 세상의 질서가 무너지게 된다. 하나님이 만드신 가정이기에 하나님의 방법대로 산다면 가정에서 천국을 미리 맛보게 될 것이다.

적용

1 시편 128편 1-4절에서 어떤 가정이 복된 가정인지 알아보자.

"¹여호와를 경외하며 그의 길을 걷는 자마다 복이 있도다 ²네가 네 손이 수고한 대로 먹을 것이라 네가 복되고 형통하리로다 ³네 집 안방에 있는 네 아내는 결실한 포도나무 같으며 네 식탁에 둘러 앉은 자식들은 어린 감람나무 같으리로다 ⁴여호와를 경외하는 자는 이같이 복을 얻으리로다."

1 내용을 알기 쉽게 요약해보라.

여호와를 공경하고 두려워하며 말씀대로 사는 자는 복 있는 사람으로 자기가 수고한 열매를 먹게 될 것이며 복과 번영을 누리게 될 것이다. 그의 아내는 열매 맺는 포도나무와 같을 것이며 식탁에 둘러앉은 그의 자식들은 감람나무의 새싹과 같을 것이다. 여호와를 공경하고 두려워하는 자들은 이처럼 복 있는 자들이다.

2 성경이 말씀하는 복된 가정의 가장은 어떤 사람인가?

- 하나님을 경외하고 말씀대로 사는 사람이다.
- 복된 가정은 하나님과의 바른 관계 위에 세워진다.

🔊 당신은 복된 가정을 이루기 위해 어떤 노력을 하고 있는가?

3 하나님 말씀을 행하는 자가 받는 세 가지 복을 설명해보라.

1. "네 손이 수고한 대로 먹을 것이라."

- 수고에 대한 합당한 열매가 없을 때 실망하고 좌절한다. 그러나 하나님 말씀대로 행하면 노동의 대가가 보장되기에 기대를 가지고 즐거움으로 일할 수 있다.

2. "네 아내는 결실한 포도나무 같으며."

- 아내의 역할을 잘 감당하는 건강한 아내는 모든 가족에게 힘이 되고 기쁨이 된다.

3. "네 식탁에 둘러 앉은 자식들은 어린 감람나무 같으리로다."

- 감람나무는 신선함과 활력, 건강하고 유쾌한 삶을 의미하는 것으로, 번성의 상징으로 표현하고 있다.
- 자녀의 후대까지 보호해주시겠다는 하나님의 강력한 의지를 알 수 있다.

4 당신은 좋은 가장이 되기 위해 어떤 노력을 하고 있는가?

🔊 이 말씀을 통해 좋은 가장이 되기 위해 결단한 것이 있으면 말해보라.

2 에베소서 6장 1-3절에서 부모에 대한 자녀의 의무와 그 결과를 살펴보라.

"¹자녀들아 주 안에서 너희 부모에게 순종하라 이것이 옳으니라 ²네 아버지와 어머니를 공경하라 이것은 약속이 있는 첫 계명이니 ³이로써 네가 잘되고 땅에서 장수하리라."

1 부모에 대한 순종의 범위는 어디까지인가?

• "주 안에서" 순종해야 한다. 이는 주님의 뜻 안에서 순종하라는 말씀이다.

🔊 하나님 말씀에서 벗어나지 않는 한 부모에게 순종하는 것이 옳다.

2 부모공경은 인간관계의 첫 계명이다. 여기에서 하나님의 어떤 마음을 알 수 있는가?

• 인간관계의 첫 출발이 부모공경에서부터 시작되어야 함을 알 수 있다.
• 주실 복을 제시하시고 약속하실 만큼 부모공경을 간절히 원하시는 하나님의 마음을 알 수 있다.

3 3절의 의미를 말하고 느낀 점을 말해보라.

• 자녀가 부모를 공경할 때 땅에서 잘되고 장수하는 복을 주신다고 하셨다.

🔊 잘되고 장수하는 것은 누구나 소망하는 것이다. 하나님은 이 비결이 부모공경에 있다고 하신다.

🔊 당신 삶에서 부모 공경이 어떤 모습으로 나타나고 있는가?

4 잠언 20장 20절을 읽고 불순종의 결과에 대해 느낀 점을 말해보라.

"자기의 아비나 어미를 저주하는 자는 그의 등불이 흑암 중에 꺼짐을 당하리라."

- 부모를 저주하는 자는 어떤 소망도 기대도 품을 수 없음을 말씀하신 것이다.
- 캄캄한 중에 겨우 남아 있던 등불마저 꺼져 절망적인 상태가 될 것이라고 하신다.

3 자녀에 대한 부모의 의무에 대해 다음 성구들에서 통해 살펴보자.

1 에베소서 6장 4절에서 자녀양육의 두 가지 방법을 토의해보라.

"또 아비들아 너희 자녀를 노엽게 하지 말고 오직 주의 교훈과 훈계로 양육하라."

1. 노엽게 하지 마라.

🔊 부모가 자녀를 노엽게 하는 예를 들어보라.

- 부부싸움, 비교, 무익한 잔소리, 감정대로 대함, 일관성 없는 말이나 행동, 부모의 욕심 등

2. 오직 주의 교훈과 훈계로 양육하라.

- 주의 교훈과 훈계는 하나님 말씀에 기초한 교육을 말한다.
- 가르침과 책망을 동반한 교육이다. 책망 가운데는 필요한 체벌도 포함된다.

🔊 당신이 가지고 있는 자녀양육의 기준을 말해보라.
🔊 당신은 자녀를 어떻게 주의 교훈과 훈계로 양육하고 있는가?
🔊 좋은 부모가 되기 위해 고쳐야 할 것이 있다면 말해보라.

2 신명기 6장 6-7절이 주는 교훈을 말해보라.

"⁶오늘 내가 네게 명하는 이 말씀을 너는 마음에 새기고 ⁷네 자녀에게 부지런히 가르치며 집에 앉았을 때에든지 길을 갈 때에든지 누워 있을 때에든지 일어날 때에든지 이 말씀을 강론할 것이며."

- 부모가 먼저 말씀을 새김으로 모범을 보이면서 가르친다면 교육의 효과는 배가 된다.
- 부지런히 가르쳐야 한다. 말씀을 가르치는 데 열심이 있어야만 자녀들이 말씀대로 잘 양육받는다.
- 하나님 말씀을 삶의 모든 부분에 적용하도록 가르쳐야 이상적인 교육이라 할 수 있다.

🔊 자녀의 성적을 올리기 위해 학교 교육에 열심을 기울이는 것처럼 신앙교육을 시키면 어떻게 될까?

🔊 당신은 자녀의 신앙교육을 위해 어떤 노력을 기울이고 있는가?

> 가정교육은 나무줄기와 같고, 학교 교육은 줄기에 접목한 것과 같다. 그러므로 나무 줄기가 약하면 접목은 말라 죽는다.
> 　　　　　　　　　　　　　　　　　　　　　　　　　　　　　　　페스탈로치

4 아내에 대한 남편의 의무가 무엇인지 다음 성구들에서 살펴보자.

1 에베소서 5:25

"남편들아 아내 사랑하기를 그리스도께서 교회를 사랑하시고 그 교회를 위하여 자신을 주심 같이 하라."

- 주님을 주인으로 모시고 사는 부부는 그리스도를 통해 새로운 차원의 관계를 맺는다.
- 그리스도가 자신의 몸을 십자가에 못 박으시면서 우리를 사랑하신 것처럼 남편이 아내를 사랑해야 한다고 하셨다. 이보다 더한 사랑은 세상에서 찾아볼 수 없다.

🔊 하나님은 왜 이처럼 강한 사랑을 남편에게 요구하신다고 생각하는가?
- 하나님이 만드신 가정의 중요성을 일깨워주시는 것이다.

2 베드로전서 3:7

"남편들아 이와 같이 지식을 따라 너희 아내와 동거하고 그를 더 연약한 그릇이요 또 생명의 은혜를 함께 이어받을 자로 알아 귀히 여기라 이는 너희 기도가 막히지 아니하게 하려 함이라."

- 🔊 남편이 아내를 귀하게 여겨야 할 이유가 무엇인가?
    - 아내가 남편보다 연약하기에 이해하고 돌보아주며 존중해야 한다.
    - 생명의 은혜를 유업으로 함께 받을 자이기 때문이다.
    - 기도가 막히지 않기 때문이다.

- 🔊 가정은 교회의 축소판으로 부부가 불화하면 합심해서 기도할 수 없을 뿐 아니라 정상적인 기도생활을 할 수 없다.
- 🔊 남편으로서 아내를 대하는 태도에 고쳐야 할 점이 있으면 말해보라.

5 남편에 대한 아내의 의무를 에베소서 5장 22-23절에서 살펴보자.

"²²아내들이여 자기 남편에게 복종하기를 주께 하듯 하라 ²³이는 남편이 아내의 머리 됨이 그리스도께서 교회의 머리 됨과 같음이니 그가 바로 몸의 구주시니라."

- 🔊 아내가 남편에게 복종해야 하는 이유를 말해보라.
    - "주께 하듯 하라"는 말씀은 종속관계를 의미하는 것이 아니다. 그리스도인이 자율적으로 주님께 순종하는 것처럼 아내도 자원하는 마음으로 남편에게 순종해야 함을 말씀하고 있다.

- 🔊 당신이 남편에게 주께 복종하듯 하지 못하는 이유가 무엇이라고 생각하는가?

6 베드로전서 3장 5-6절에서 하나님께 인정받은 여인들에 대해 살펴보자.

"⁵전에 하나님께 소망을 두었던 거룩한 부녀들도 이와 같이 자기 남편에게 순종함으로 자기를 단장하였나니 ⁶사라가 아브라함을 주라 칭하여 순종한 것 같이 너희는 선을 행하고 아무 두려운 일에도 놀라지 아니하면 그의 딸이 된 것이니라."

1 내용을 알기 쉽게 정리해보라.

2 하나님께 소망을 두었던 거룩한 부녀들은 누구인가?

- 이 구절에는 사라만 언급되어 있지만 '부녀들'이라는 복수를 사용하고 있기에 아브라함과 이삭과 야곱의 아내인 사라와 리브가, 라헬과 레아 등을 가리킨다.

3 이 여인들의 내면의 아름다움(단장)은 어디에서 시작되었는가?

- 여인들은 남편에 대한 순종으로 인정받았고, 순종은 하나님께 인정받은 여인들의 특징이었다.

🔊 당신은 내면을 어떻게 단장하고 있는가?

7 오늘 공부를 통해 느낀 점과 어떻게 적용할 것인지를 나누고, 건강한 가정으로 서도록 함께 기도하자.

- ■ 성구 암송　로마서 12:4-5, 시편 128:1
- ■ 큐티　　　디모데후서 3:15-16
- ■ 독서 과제　『원만한 결혼 생활』(잭 메이홀·케롤 메이홀, 네비게이토 역간), 『풍성한 결혼생활』(H. 노만 라이트, 나침반 역간)
- ■ 생활 과제　부모님께 감사의 편지 쓰기 / 앞으로 가정에서 어떤 신앙 자세를 가질 것인지 기록해오기(자녀의 역할, 배우자의 역할, 부모의 역할 세 가지 관점에서)
- ■ 성경 읽기

가정은 하나님이 만드신 최초의 공동체다. 가정에서 세상 문명이 시작되고 사회가 형성된다. 가정의 모습에 따라 사회의 모든 조직이 영향을 받게 되므로 가정은 가장 소중한 교육의 현장이라고 할 수 있다. 부부의 삶 자체가 자녀에게는 교육이며 모델이기에 신앙의 모범을 보이는 것은 가장 큰 보화라고 할 수 있다. 오늘날 많은 사람이 가정에서 긴장을 풀고 있는 틈을 타 사탄이 자녀와 부부 사이를 마음껏 오가며 병들게 하고 있다. 하나님이 만드신 가정을 하나님 말씀 안에서 사랑의 공동체, 쉼의 공동체, 교육의 공동체로 만들어갈 때 밝은 미래가 있음을 깨달아야 한다.

25과 교회와 제자훈련

도입

교회가 무엇인지 모르면 신앙생활을 자기 기준이나 세상 기준에 맞추어 하게 된다. 결국 이런 자들이 교회의 직분자나 지도자가 된다면 교회는 자기만족을 추구하는 공동체로 전락하여 세상에서 빛의 역할을 감당할 수 없다. 생각보다 많은 사람이 교회가 무엇인지 모른다. "그리스도인에게 가장 큰 도전은 그가 교회를 위해 무엇을 하는 것이 아니라 그 자신이 교회의 지체를 이루는 것이다"고 한 F. C. 마터의 말을 기억하며 성경의 교훈을 살펴보도록 하자.

적용

1 마태복음 16장 15-18절에서 교회에 대해 알아보자.

"¹⁵이르시되 너희는 나를 누구라 하느냐 ¹⁶시몬 베드로가 대답하여 이르되 주는 그리스도시요 살아 계신 하나님의 아들이시니이다 ¹⁷예수께서 대답하여 이르시되 바요나 시몬아 네가 복이 있도다 이를 네게 알게 한 이는 혈육이 아니요 하늘에 계신 내 아버지시니라 ¹⁸또 내가 네게 이르노니 너는 베드로라 내가 이 반석 위에 내 교회를 세우리니 음부의 권세가 이기지 못하리라."

1 예수님이 반석 위에 교회를 세우신다고 하셨는데 반석은 무엇을 가리키는가?
- 베드로의 신앙고백
- 교회는 베드로처럼 예수님에 대해 확실하게 신앙을 고백하는 사람들의 모임이다.
- 예수님에 대해 신앙고백을 하지 못하는 자는 그리스도인이라 할 수 없다.

2 그렇다면 교회는 어떻게 세워졌다고 할 수 있는가?
- 베드로가 고백한 신앙 위에 교회가 세워졌다.
- 교회는 신앙고백을 한 성도들의 모임이다.

3 교회에 대해 아는 대로 말해보라.
- "교회"라고 번역된 헬라어 '에클레시아'는 '택함받음' '부름받아 나온'이라는 뜻으로, '하나님이 택하시고 부르신 백성'을 의미한다. 교회는 하나님이 특별하게 부르셔서 구별된 삶을 살기로 작정한 사람들의 공동체다.
- '에클레시아'라는 말은 베드로의 신앙고백으로 세워질 교회에 처음으로 사용하셨다(마 16:18).

4 베드로의 고백이 완벽한 이유는 무엇인가?
- 그 고백을 하게 하신 분이 하나님이시기 때문이다(17절).

2 사도행전 20장 28절에서 교회에 대해 살펴보자.

"여러분은 자기를 위하여 또는 온 양 떼를 위하여 삼가라 성령이 그들 가운데 여러분을 감독자로 삼고 하나님이 자기 피로 사신 교회를 보살피게 하셨느니라."

1 내용을 알기 쉽게 정리해보라.

2 "하나님이 자기 피로 사신 교회"라는 의미를 설명해보라.

- '하나님이 자기 아들의 피로 사셨다'는 뜻이다.
- 하나님은 교회를 세우시기 위해 독생자 예수님을 십자가에 못 박아 피흘려 죽이시는 엄청난 대가를 지불하셨다.

3 교회에 대한 우리의 자세는 어떠해야 할지 말해보라.

- 예수님의 피로 사신 교회를 진정으로 사랑하는 것이 바로 하나님 사랑임을 알아야 한다.
- 교회를 생각할 때마다 그리스도를 통해 베풀어주신 사랑을 기억하고 맡은 일에 최선을 다해야 한다(엡 1:7).

🔊 당신은 교회를 사랑해서 무언가를 하고 있는가? 있다면 그것은 어떤 일인가?

3 에베소서 1장 21-23절에서 교회의 위치에 대해 알아보자.

"²¹모든 통치와 권세와 능력과 주권과 이 세상뿐 아니라 오는 세상에 일컫는 모든 이름 위에 뛰어나게 하시고 ²²또 만물을 그의 발 아래에 복종하게 하시고 그를 만물 위에 교회의 머리로 삼으셨느니라 ²³교회는 그의 몸이니 만물 안에서 만물을 충만하게 하시는 이의 충만함이니라."

1 예수님은 어떤 분인가?(21절)

- 모든 통치자, 권세자, 왕들 그리고 이 세상과 다음 세상의 누구보다 뛰어난 분이시다. 우리의 경배를 받으실 분은 오직 예수 그리스도시다.
- 예수님은 모든 세대(이 세상과 오는 세상)에서 진정한 구주시다.

2 예수님과 교회와 만물은 어떤 관계인가?(22절)

- 예수님은 교회의 머리시며 만물 위에 계신 분으로 만물의 지배자시다.
- 그리스도 > 교회 > 만물로 이어진다.

3 예수님이 "교회의 머리"시라는 의미를 통해 깨달을 수 있는 진리는 무엇인가?

- 교회는 머리 되신 주님의 뜻에 순종해야 한다.

🔊 교회가 머리 되신 주님의 뜻에 순종하려면 어떻게 해야 할까?

- 주님이 이 땅에 계실 때 행하신 사역을 하면 된다(마 9:35).

"예수께서 모든 도시와 마을에 두루 다니사 그들의 회당에서 가르치시며 천국 복음을 전파하시며 모든 병과 모든 약한 것을 고치시니라."

4 교회는 그리스도의 몸으로 만물 안에서 만물을 충만하게 해야 한다는 의미를 설명해보라(23절).

"교회는 그의 몸이니 만물 안에서 만물을 충만하게 하시는 이의 충만함이니라."

- 교회는 이 세상에서 넘치도록 채우는 역할을 해야 한다.
- 교회에 속한 성도들이 가정, 직장, 학교, 어디서든지 그곳을 좋은 영향력으로 채우는 역할을 할 때 비로소 교회가 자신의 역할을 하게 되는 것이다.

4 교회가 해야 할 사역에 대해 마태복음 28장 18-20절에서 살펴보자.

"¹⁸예수께서 나아와 말씀하여 이르시되 하늘과 땅의 모든 권세를 내게 주셨으니 ¹⁹그러므로 너희는 가서 모든 민족을 제자로 삼아 아버지와 아들과 성령의 이름으로 세례를 베풀고 ²⁰내가 너희에게 분부한 모든 것을 가르쳐 지키게 하라 볼지어다 내가 세상 끝날까지 너희와 항상 함께 있으리라 하시니라."

1 내용을 알기 쉽게 정리해보라.

2 예수님의 권세는 어떤 권세인가?

- 하늘과 땅을 다스리는 신적 권세로, 모든 권세를 가지신 능력의 주님이심을 말씀한다.

🔊 당신은 권세 있는 예수님의 명령 앞에 어떤 자세를 취하고 있는가?
- 철저하게 순종해야 한다.

3 예수님은 어떤 명령을 하셨는가?
- 모든 민족으로 제자 삼고, 세례를 베풀고, 주님의 말씀을 가르쳐 지키게 하라고 하셨다.

🔊 제자훈련은 주님의 명령이다. 당신은 교회가 반드시 제자훈련을 해야 한다고 확신하는가?

4 제자의 두 가지 특징을 말해보라.
- 그리스도의 마음을 가지고 주님의 성품을 닮아가는 자
- 영혼에 대한 사랑으로 복음 전파에 힘을 쏟는 자

🔊 당신은 제자라고 할 수 있는가? 근거를 들어서 말해보라.

5 주님의 명령에 순종하는 교회가 누리는 축복은 무엇인가?
- 세상 끝날까지 주님이 함께하신다. '함께하신다'는 것은 '임마누엘'의 축복이다('임마누엘'은 하나님이 우리와 함께 계시다는 뜻이다).

🔊 주님이 함께하시는 축복에 대해 말해보라(교회와 가정, 개인으로 나누어 말해보라).

5 교회에 대한 주님의 바람을 에베소서 5장 26-27절에서 살펴보자.

"²⁶이는 곧 물로 씻어 말씀으로 깨끗하게 하사 거룩하게 하시고 ²⁷자기 앞에 영광스러운 교회로 세우사 티나 주름 잡힌 것이나 이런 것들이 없이 거룩하고 흠이 없게 하려 하심이라."

1 내용을 알기 쉽게 정리해보라.

2 영광스런 교회가 되기 위해 우선되어야 하는 것은 무엇인가?

- 말씀이 살아서 역사하는 교회가 되어야 한다.
- 성도 개개인이 말씀을 통해 성결한 삶을 살아야 한다.

🔊 당신이 성결한 삶을 살기 위해 추구하고 있는 것은 무엇인가?

> 건강한 교회는 유혹적인 가르침에 저항하는 힘과 군사의 규율이 있어야 하고, 그리스도 안에 그 생명이 있어야 한다. 신앙을 굳게 잡고 풍성하고 넘치는 감사가 있어야 한다.
> 윌리엄 바클레이 영국의 목사이며 글래스고 대학교 교수이자 주경신학자

6 오늘 공부를 통해 느낀 점과 결단한 것을 나누고 합심해서 기도하자.

- **성구 암송** 사도행전 1:8, 로마서 13:1
- **큐티** 로마서 12:3-13
- **독서 과제** 『존귀한 공동체, 교회』(배창돈, 국제제자훈련원)
- **생활 과제** 이번 한 주간 동안 교회를 섬긴 사례 적어오기(언제, 무엇을, 어떻게 섬겼는지 보고서 작성하기)
- **성경 읽기**

어떤 사람은 교회에서 자기가 하는 일이 가장 중요하다고 생각하며 자기 일에만 열중하여 다른 지체의 일은 무시하거나 손상을 입히고 비난한다. 이는 건강한 교회가 되는 데 첫 번째 방해요소라고 할 수 있다. 어떤 봉사도 하나님이 보시기에는 다 같다. 교회에서 자신의 중요성만 생각할 때 참된 그리스도인으로서의 활동은 상실되기 시작한다. 그것은 자신의 이기심으로 공동체가 고통을 받기 때문이다. 자기가 맡은 일이나 자기가 속한 조직, 가족, 친구밖에 볼 수 없는 사람은 교회의 통일성을 알지 못하는 어리석은 사람이다.

26과 교회와 평신도

도입

건강한 교회는 교역자에 의해 움직이는 교회가 아니라 성숙한 평신도에 의해 움직인다. 교회의 존재 목적은 영혼 구원이다. 그리고 세상을 향해 소금과 빛의 역할을 감당하는 것이다. 이 일을 위해서는 훈련된 평신도들이 필요하다. 지금까지 많은 평신도가 교회 사역에 수동적인 입장에 서 있었다. 오히려 비본질적인 일에 더 적극적이었는지 모른다. 교회 안의 모든 지체는 교회를 하나님의 관점에서 볼 수 있는 눈이 필요하다. 성숙한 평신도는 교회에 요구하지 않는다. 오히려 그리스도의 몸 된 교회를 위해 무엇을 할 것인가를 생각한다. 교회를 섬기는 것이 바로 주님을 위하는 일이요 자신에게는 영광이 된다. 교회를 든든히 세우는 건강한 평신도가 되어야 한다.

적용

1 에베소서 4장 11-14절이 주는 교훈을 살펴보자.

"¹¹그가 어떤 사람은 사도로, 어떤 사람은 선지자로, 어떤 사람은 복음 전하는 자로, 어떤 사람은 목사와 교사로 삼으셨으니 ¹²이는 성도를 온전하게 하며 봉사의 일을 하게 하며 그리스도의 몸을 세우려 하심이라 ¹³우리가 다 하나님의 아들을 믿는 것과 아는 일에 하나가 되어 온전한 사람을 이루어 그리스도의 장성한 분량이 충만한 데까지 이르리니 ¹⁴이는 우리가 이제부터 어린 아이가 되지 아니하여 사람의 속임수와 간사한 유혹에 빠져 온갖 교훈의 풍조에 밀려 요동하지 않게 하려 함이라."

1 내용을 알기 쉽게 요약해보라.

예수님이 어떤 사람은 사도로, 어떤 사람은 선지자로, 어떤 사람은 나가서 복음을 전하는 자로, 또 어떤 사람은 목사와 교사로 삼으셨다. 이는 성도들이 섬김의 사람이 되어 그리스도의 몸인 교회를 더욱 건강하게 세우도록 하기 위한 것이다. 그럴 때 그들은 하나님의 아들을 믿고 아는 일에 하나가 되고, 그리스도를 닮은 성숙한 그리스도인이 될 것이다. 더 이상 어린아이처럼 잘못된 길로 유혹하는 온갖 새로운 가르침에 속아 넘어가서는 안 된다.

2 각 사람을 사역자로 세우신 목적이 무엇인지 말해보라.

• 성도를 온전하게 하여 섬김의 사람이 되게 하고 교회를 더욱 건강하게 세워가기 위함이다.

3 당신은 건강한 교회를 세우는 데 어떤 역할을 하고 있는가?

🔊 당신은 교회의 어떤 사역에 참여하고 있는가?
🔊 당신은 교회가 건강하게 세워지는 데 관심을 가지고 사역하고 있는가?
🔊 여전히 어린아이와 같은 상태는 아닌지 자신을 살펴보라.

4 건강한 교회가 되는 데 유익을 주지 못하는 것은 무엇인가?(14절)

- 어린아이처럼 성장에 대한 바람이 없다면 이는 교회에 유익을 주지 못한다.

🔊 당신은 성장을 위해 어떤 노력을 하고 있는가?

- 큐티 생활과 예배생활, 기도생활을 점검해보자.

2 성도는 어떤 자세로 교회를 섬겨야 하는가?

1 고린도전서 1:10

"형제들아 내가 우리 주 예수 그리스도의 이름으로 너희를 권하노니 모두가 같은 말을 하고 너희 가운데 분쟁이 없이 같은 마음과 같은 뜻으로 온전히 합하라."

- 바울은 고린도 교회의 분쟁에 대해 간절한 마음으로 권고하고 있다.
- '같은 말, 같은 뜻, 온전히 합하라'는 것은 하나가 되라는 것이다.

🔊 본문을 읽고 느낀 점을 말해보라.
🔊 교회 안에서 자기의 생각만을 강하게 주장하거나 편을 나누면 어떤 결과가 올까?

- 교회가 혼란에 빠지면 교회의 본질적인 사역이 영향을 받아 제 역할을 못하게 된다.

2 베드로전서 4:10

"각각 은사를 받은 대로 하나님의 여러 가지 은혜를 맡은 선한 청지기 같이 서로 봉사하라."

- 청지기는 주인의 재산을 관리하고 감독하는 책임을 맡았다.
- 선한 청지기는 하나님이 맡겨주신 일을 자기 생각이나 고집대로 하지 않고 주인의 뜻대로 행한다.
- 선한 청지기는 그리스도의 몸인 교회를 섬기는 역할을 잘 감당한다.

- 당신은 교회와 지체들을 어떻게 섬기고 있는가?
- 당신은 선한 청지기의 자세로 섬기고 있는가? 청지기 의식이 없다면 그 섬김은 어떻게 변질될 우려가 있는가?

3 히브리서 13:17

"너희를 인도하는 자들에게 순종하고 복종하라 그들은 너희 영혼을 위하여 경성하기를 자신들이 청산할 자인 것 같이 하느니라 그들로 하여금 즐거움으로 이것을 하게 하고 근심으로 하게 하지 말라 그렇지 않으면 너희에게 유익이 없느니라."

- '복종'에 해당하는 헬라어는 '휘페이코'로 '포기하다'는 뜻이다. 이것은 인도자의 옳은 가르침에 자기를 굴복시킨다는 의미다.
- '경성'이란 '깨어있다' '감시하다'는 뜻이다.
- 지도자를 힘들게 하지 말고 즐거운 마음으로 따르라는 것이다.

- 어떤 일들이 지도자를 근심하게 하는지 토의해보라.
- 당신 때문에 지도자가 즐거운 마음으로 사역한다고 생각하는가? 그 근거는 무엇인가?

> 교회를 어머니로 모시기를 거절하는 사람은 하나님을 아버지로 모실 수 없다.
>
> 아우구스티누스 고대 기독교 교부

3 로마서 15장 30절에서 바울이 교회 성도들에게 간절히 부탁한 내용을 살펴보자.

"형제들아 내가 우리 주 예수 그리스도와 성령의 사랑으로 말미암아 너희를 권하노니 너희 기도에 나와 힘을 같이하여 나를 위하여 하나님께 빌어."

- 바울은 로마 성도들에게 자신의 사역에 기도로 적극 동참해주기를 부탁하고 있다.
- "나와 힘을 같이하여"는 '죽을힘을 다하여'라는 뜻이다. 이는 바울이 기도를 얼마나 절박하게 원하고 있는지를 보여준다.

- 당신은 교회 지도자를 위해 얼마나 기도하고 있는가?

4 고린도전서 14장 12절이 주는 교훈을 살펴보라.

"그러므로 너희도 영적인 것을 사모하는 자인즉 교회의 덕을 세우기 위하여 그것이 풍성하기를 구하라."

- 고린도 교인 가운데 방언의 은사를 받은 자들이 통역 없이 방언을 하는 것은 지혜 없는 일로, 은사를 자랑하는 것에 불과하다는 말이다.
- 은사를 통해 지체들에게 유익을 끼치고 교회에 덕을 세워야 한다.
- 아무리 좋은 은사라고 해도 무질서하게 사용하여 교회를 어지럽혀서는 안 된다. 질서와 규모 있는 신앙생활이 필요하다.

5 교회를 세우는 사역에 필요한 마음의 자세를 빌립보서 2장 1-3절에서 살펴보라.

"¹그러므로 그리스도 안에 무슨 권면이나 사랑의 무슨 위로나 성령의 무슨 교제나 긍휼이나 자비가 있거든 ²마음을 같이하여 같은 사랑을 가지고 뜻을 합하며 한마음을 품어 ³아무 일에든지 다툼이나 허영으로 하지 말고 오직 겸손한 마음으로 각각 자기보다 남을 낫게 여기고."

1 내용을 알기 쉽게 정리해보라.

2 교회를 위해 가장 필요한 마음 자세는 무엇인가?(2절)

- 바울은 빌립보 교인들 사이의 분쟁을 보며 안타까운 마음으로 권면하고 있다.
- 사랑의 마음으로 뜻을 합해 한 마음을 품어야 한다.

🔊 당신은 교회 안에서 다른 지체를 향한 사랑의 마음을 가지고 뜻을 합하여 섬기고 있는가?

3 한 마음을 품기 위한 구체적인 방법은 무엇인가?(3절)

- 다툼이나 허영으로 하지 말고, 겸손한 마음으로 다른 사람을 존중해주어야 한다.

🔊 당신에게 고쳐야 할 것이 있다면 말해보라.

6 디모데전서 3장 8-13절에서 집사의 자격을 살펴보자.

"⁸이와 같이 집사들도 정중하고 일구이언을 하지 아니하고 술에 인박히지 아니하고 더러운 이를 탐하지 아니하고 ⁹깨끗한 양심에 믿음의 비밀을 가진 자라야 할지니 ¹⁰이에 이 사람들을 먼저 시험하여 보고 그 후에 책망할 것이 없으면 집사의 직분을 맡게 할 것이요 ¹¹여자들도 이와 같이 정숙하고 모함하지 아니하며 절제하며 모든 일에 충성된 자라야 할지니라 ¹²집사들은 한 아내의 남편이 되어 자녀와 자기 집을 잘 다스리는 자일지니 ¹³집사의 직분을 잘한 자들은 아름다운 지위와 그리스도 예수 안에 있는 믿음에 큰 담력을 얻느니라."

1 내용을 알기 쉽게 정리해보라.

2 '집사'에는 어떤 뜻이 있는지 아는 대로 말해보라.

- '집사'에 해당하는 헬라어는 '디아코노스'인데, 이는 '종'이라는 의미로 식사 때 '시중드는 사람'을 의미한다. 이 말은 초대 교회에서 '섬기는 자' '봉사하는 자'라는 의미로 발전했다.

3 어떤 사람이 집사가 되어야 하는가?(10절)

- 먼저 시험해보아야 한다. 여기서 '시험'은 금을 제련하여 불순물을 제거하듯 잘 구별해야 한다는 것이다. 새 신자들이나 자격이 미달되는 사람이 직분자가 되면 교회의 본질적인 사역이 방해를 받는다.
- 책망할 것이 없어야 한다. 이는 시간을 두고 세밀하게 관찰하고 검증하여 결격 사유가 없을 때 직분자로 세워야 함을 강조하고 있는 것이다.

🔊 이렇게 신중하게 집사를 세워야 한다는 말씀을 보며 느낀 점을 말해보라.

4 8-11절까지의 내용은 개인적인 자격이다. 하나씩 살펴보자.

① "일구이언을 하지 아니하고" 험담하지 않아야 한다. 또한 이 사람에게 이 말을 하고, 저 사람에게 저 말을 하는 이중적인 언행을 하며 말에 문제가 있는 사람은 직분자로 합당하지 않다.

② "술에 인박이지 아니하고" 술에 마음을 사로잡힌 자를 말한다.
③ "더러운 이를 탐하지 아니하고" 욕심 때문에 부정한 방법으로 이익을 취하는 것을 말한다.
④ "깨끗한 양심" 진리를 깨달은 대로 행하려는 청결한 마음과 선한 양심을 가지고 있어야 한다.
⑤ "믿음의 비밀을 가진 자" 깨끗한 양심과 함께 하나님 말씀을 행하므로 하나님을 기쁘시게 해드리는 자가 되어야 한다. 초대 교회의 일곱 집사는 성령과 지혜가 충만한 자들로 영적인 깊이가 있었다. 믿음의 비밀을 가진 자는 복음의 열정이 있다.
⑥ "모함하지 아니하며" 남을 비방하지 말아야 한다.
⑦ "절제하며" 영적으로 깨어서 이 세상에 빠지지 않는 것을 말한다.
⑧ "모든 일에 충성된 자" 맡은 일을 끝까지 신실하게 행하는 것을 말한다.

5 가정에서는 어떤 자라야 하는가?(12절)

- 가정을 잘 다스리는 자가 되어야 한다. 남편과 아버지의 역할을 잘 감당해야 한다.
- 가정을 잘 다스리는 자가 교회에서도 맡은 일을 잘하는 것은 당연하다.

🔊 당신은 가정에서 식구들에게 신앙의 모범을 보이고 있다고 생각하는가? 자신있게 말할 수 있는 부분과 가장 자신 없는 부분을 말해보라.

6 집사의 직분을 잘 감당한 자에게 주어지는 두 가지 결과는 무엇인가?

- 아름다운 지위를 얻는다. 이는 하나님께 귀한 자로 인정받게 됨을 뜻한다.
- 믿음의 큰 담력을 얻는다. 직분을 잘 감당하면 큰 믿음을 소유하게 되고 더 큰 일을 맡아도 능히 감당하게 된다.

🔊 직분을 잘 감당하여 받은 은혜가 있으면 말해보라.

7 오늘 공부를 통해 느낀 점과 결단한 것을 나누고 서로를 위해 기도하자.

- 성구 암송　마태복음 9:37-38, 요한복음 12:26
- 큐티　　　로마서 14:1-16
- 독서 과제　『권세 있는 공동체, 교회』(배창돈, 국제제자훈련원)
- 생활 과제　'앞으로 나는 교회를 이렇게 섬길 것이다'는 제목으로 글쓰기(A4 한 페이지 분량)
- 성경 읽기

그리스도의 몸인 교회가 건강한 교회로 세워지기 위해서는 모든 지체가 맡은 역할을 잘 감당해야 한다. 교역자와 평신도가 동역할 때 교회의 영향력이 배가되어 세상을 바꾸고 많은 영혼을 주님께 인도할 수 있다. 바울 사도가 맺은 엄청난 사역의 열매는 평신도들과 동역한 결과다. 로마서 16장에서 사도 바울은 자신과 동역한 평신도들에게 감사의 마음을 담아 그들의 섬김을 자랑하고 있다. 평신도의 아름다운 동역은 교회를 교회답게 만들어 세상에 주님의 권세가 드러나게 한다. 하나님이 우리 각자에게 맡겨주신 일은 평범한 일이 아니다. 이 세상을 창조하신 하나님의 위대한 일에 참여하는 영광스러운 일임을 기억해야 한다.

27과

교제

도입

그리스도인의 교제는 세상의 교제와 다르다. 세상의 교제는 필요에 의해 시작되는 경우가 많아 이해관계에 따라 교제의 내용이 달라지지만, 그리스도인의 교제는 인간 사이에 막힌 담을 허신 예수님의 십자가에서 시작된다. 좋은 교제는 한 평생을 좌우할 만큼 큰 영향을 끼친다. 특히 그리스도인의 교제는 영적인 것이 되어야 한다. 성경이 가르치는 교제를 통해 자신을 점검해보는 시간으로 삼자.

적용

1 그리스도인은 서로 어떤 관계인지 로마서 12장 5절에서 살펴보자.

"이와 같이 우리 많은 사람이 그리스도 안에서 한 몸이 되어 서로 지체가 되었느니라."

1 성도는 서로 어떤 관계인가?

- 교회는 성도가 그리스도를 중심으로 연합되어 있다.
- 성도는 그리스도 안에서 한 몸의 지체가 된 관계다.

2 지체의 뜻을 말해보라.

- 지체는 신체의 한 부분을 말한다.

🔊 당신은 교회 안에서 다른 성도들을 지체라는 의식으로 대하는가?
🔊 그리스도 안에서 지체가 되었다는 것은 보통 관계가 아니라는 것이다.

3 예수님이 우리를 지체로 여기신다는 것에 대해 어떤 느낌을 받는가?

- 옷이나 양말 정도로 여기지 않고 지체(신체의 한 부분)로 여기신다는 것이다
- 하나님은 우리를 잘라내 버릴 수 없는 존재, 떼어낼 수 없는 존재, 반드시 붙어있어야 하는 존재로 만드셨다.
- 나를 지체로 삼으셨다는 사실에 감사하고 황송하지 않을 수 없다.

4 지체에 대한 주님의 마음은 어떠하다고 생각하는가?

- 주님이 자기 몸의 한 부분으로 생각하신다는 것은 각별한 사랑을 가지고 계신다는 뜻이다.

🔊 예수님은 우리를 지체로 삼아주시기 위해 어떤 대가를 지불하셨는가?
🔊 당신은 다른 지체를 대할 때 주님이 너무나 사랑하시는 지체라는 생각을 하는가?
🔊 지체 의식을 가지고 대하면 성도 사이의 교제가 어떻게 달라질까?

5 지체는 어떤 관계에 있는가?

- 무조건 사랑하고 이해하고 섬겨야 한다. 상호 보완관계를 통해 하나의 건강한 몸을 이루는 것이다.
- 평생 뗄 수 없는 유기적인 관계다.
- 신체의 일부가 상처를 입거나 아프면 온 몸이 아프다. 이는 몸의 한 부분이기 때문이다.

🔊 다른 지체의 아픔을 보면 내가 아픈 것처럼 아파하고 섬기는가? 그렇지 못하다면 무엇이 문제일까?

6 유기적인 관계에 대해 알기 쉽게 말해보라.

- 지체는 다른 지체와 유기적인 관계를 가지고 있는데 이는 따로 떼어놓고 생각할 수 없는 관계를 말한다. 예를 들어 다섯 손가락 가운데 검지가 다른 손가락과 함께하기 싫다고 스스로 분리되어 혼자 있다면 이미 죽은 것이다.

2 앞으로 지체인 성도들을 어떤 자세로 대할 것인지 말해보라.

- 예수님을 믿었으면 한 몸의 지체가 되었음을 기억해야 한다.
- 출신이나 인종에 상관없이 한 몸이 된 지체다.
- 무조건 사랑하고 이해하고 섬겨주어야 한다.

3 그리스도인의 교제에 대한 주님의 바람은 무엇인지 에베소서 1장 22절에서 살펴보자.

"또 만물을 그의 발 아래에 복종하게 하시고 그를 만물 위에 교회의 머리로 삼으셨느니라."

1 예수님이 교회의 머리시라는 것은 지체들끼리 어떤 태도를 가져야 한다는 의미인가?

- 모든 지체는 머리의 지시를 받아야 한다. 즉, 머리 되신 주님의 뜻에 따라 하나가 되어야 한다.

🔊 당신은 하나가 되기 위해 머리 되신 주님의 뜻을 얼마나 생각하는가?

- 한 지체 한 지체가 머리 되신 주님의 뜻을 따라 하나가 되어 제 역할을 잘 감당해야 그리스도의 몸인 교회가 건강하다.

2 하나가 되기 위해 필요한 자세는 무엇인가?

- 지체는 혼자 존재할 수 없다는 사실을 알아야 한다.
- 역할은 달라도 목적이 하나임을 명심해야 한다.

🔊 당신은 하나가 되기 위해 어떤 노력을 하고 있는가?

4 요한복음 17장 21절이 주는 교훈을 말해보라.

"아버지여, 아버지께서 내 안에, 내가 아버지 안에 있는 것 같이 그들도 다 하나가 되어 우리 안에 있게 하사 세상으로 아버지께서 나를 보내신 것을 믿게 하옵소서."

1 예수님이 드리신 이 기도의 배경은 무엇인가?

- 십자가에 돌아가시기 전 드리신 주님의 기도다(죽음을 앞두신 주님의 간절함이 담긴 기도다).

2 예수님은 왜 우리가 하나가 되기를 간절하게 기도하셨을까?

- 하나가 되지 않으면 주님이 이 땅에 오신 목적이자 하나님의 뜻인 복음을 전할 수 없기 때문이다.
- 하나가 되지 못하는 성도들의 습관 때문에 복음 전파에 방해가 되는 경우를 자주 볼 수 있다.
- 사탄은 우리를 하나가 되지 못하게 하고 다투고 분열시키지만, 주님은 우리에게 하나가 되라고 명령하신다.

🔊 하나가 되지 못해 복음 전파에 방해가 되었던 적이 있으면 말해보라.
🔊 하나가 되는 데 가장 큰 장애물은 무엇인가?
🔊 그 장애물을 뛰어넘기 위해 당신이 해야 할 것은 무엇이라고 생각하는가?
🔊 성도들이 하나 되지 못하는 이유는 무엇이라고 생각하는가?

- 전체를 보지 않고 자기만 생각하는 이기심 때문이다(지체 의식의 결여). 또한 주님의 뜻을 심각하게 받아들이지 않기 때문이다.

5 성도들만이 가지는 교제의 특징에 대해 알아보자.

1 요한일서 1:3

"우리가 보고 들은 바를 너희에게도 전함은 너희로 우리와 사귐이 있게 하려 함이니 우리의 사귐은 아버지와 그의 아들 예수 그리스도와 더불어 누림이라."

- 성도들이 사귈 때 그 속에 누가 함께하시는가?
  - 성도들의 교제는 하나님 아버지와 그의 아들 예수 그리스도와 함께하는 것이다.
- 지체들과 교제할 때 하나님 아버지와 예수 그리스도가 함께하시는 교제라는 의식을 가지고 있는가?
- 이런 의식을 가지고 교제할 때 어떤 변화가 있을까?(자신의 경우를 생각해보라.)
  - 말과 행동에 분명히 변화가 있을 것이다. 하나님을 의식하며 조심할 것이다.
- 성도들의 교제에서 가장 조심해야 할 것은 무엇일까?
  - 교제는 말로 시작된다. 말이 가장 많은 문제를 일으킨다(잠 20:19).

2 사도행전 2:42

"그들이 사도의 가르침을 받아 서로 교제하고 떡을 떼며 오로지 기도하기를 힘쓰니라."

- 가르침을 받아 교제했다는 것은 무슨 의미인가?
  - 초대교회 성도들은 말씀의 가르침을 따라 교제했다.
  - 교제는 상대방에게 영향을 끼치므로 말씀의 가르침을 받는 것이 우선되어야 한다.
- 제자훈련을 통해 말씀의 가르침을 받으면서 다른 성도와의 교제에 어떤 변화가 일어났는가?
  - 말씀이 없는 교제는 내 생각, 내 경험, 내 기분과 욕심을 따르게 된다.

6 우리가 어떤 마음으로 교제해야 하는지 요한복음 13장 34절에서 살펴보자.

"새 계명을 너희에게 주노니 서로 사랑하라 내가 너희를 사랑한 것 같이 너희도 서로 사랑하라."

- 예수님이 우리를 사랑하신 것처럼 사랑하는 마음으로 교제해야 한다.

🔊 예수님이 사랑하신 것처럼 사랑한다는 것은 어떤 의미인가?

- 우리 죄를 위해 십자가에서 대신 죽어주신 사랑이다. 우리에게 얼마나 높은 수준의 사랑을 원하시는지 알 수 있다.

🔊 이렇게 수준 높은 교제를 요구하시는 주님 앞에서 부끄러운 모습이 있으면 고백해보라.

7 베드로전서 3장 8절에서 가르쳐주신 교제에 대해 살펴보자.

"마지막으로 말하노니 너희가 다 마음을 같이하여 동정하며 형제를 사랑하며 불쌍히 여기며 겸손하며."

1 성도들이 나누는 교제는 어떠해야 하는지 네 가지를 열거하라.

① 동정하며(이해함)
② 형제를 사랑하며(형제 안에서 결속되어야 함)
③ 불쌍히 여기며(주님이 우리를 향해 가지셨던 마음)
④ 겸손하며(자기보다 남을 낮게 여기는 마음)

2 위의 네 가지를 살펴보면 예수님의 성품을 발견할 수 있다. 무엇을 느꼈는지 말해보라.

- 이런 교제를 할 때 서로에게 유익을 준다.
- 성도들의 아름다운 교제는 결국 그리스도의 몸 된 교회에 덕을 세운다(살전 5:11).

8 오늘 공부를 통해 결단한 것을 말하고 아름다운 교제를 위해 함께 기도하자.

- **성구 암송** 에베소서 4:4, 히브리서 10:24-25
- **큐티** 고린도전서 12:14-26
- **독서 과제** 『교제』(제임스 패커, IVP 역간)
- **생활 과제** 평소 거리감을 가졌던 지체에게 사랑 나누기(선물 또는 편지)
- **성경 읽기**

왕궁에 사는 사람들과 교제하는 사람이 왕궁의 예절을 익히고, 세련된 지식인들과 교제하는 사람이 무의식중에 세련미를 가지게 된다면, 하나님 앞에서 교제하는 사람은 당연히 하나님의 자녀다운 영적인 특징을 가지고 있어야 한다. 이것은 하나님과 성도 사이의 교제를 통해 풍성한 영적 열매를 맺어야 한다는 뜻이다. 당신은 교제를 통해 다른 사람들에게 영적 유익을 주고 있다고 생각하는가? 당신의 기분에 사로잡혀 무질서한 교제를 함으로 상대방에게 상처를 주거나, 자신이 속한 교회를 파괴하고, 하나님의 뜻과 전혀 무관한 교제를 하고 있지는 않은가?

> 빛과의 교제는 빛을 주고, 위대함과의 친교는 위대함을 일으키며, 영적인 것과의 접촉은 영성을 낳는다.
> 맥밀란

28과 은혜로운 언어생활

도입

만일 우리가 신앙생활을 열심히 하고 봉사도 잘하지만 말에 실수가 많다면 교회 안에서 결코 덕을 세울 수 없다. 그리스도인은 말에 대한 자제력이 있어야 하고 상황에 따라 합당한 말을 할 수 있어야 한다. 특히 말은 자신을 더럽히고 상대방을 죄짓게 만드는 무서운 흉기가 될 수 있기에 말에 대한 훈련 없이 정상적인 신앙생활은 불가능하다. 이 시간 말씀을 통해 자신의 언어생활을 점검해보도록 하자.

적용

1 야고보서 3장 5-8절에서 혀의 특징을 살펴보라.

"⁵이와 같이 혀도 작은 지체로되 큰 것을 자랑하도다 보라 얼마나 작은 불이 얼마나 많은 나무를 태우는가 ⁶혀는 곧 불이요 불의의 세계라 혀는 우리 지체 중에서 온 몸을 더럽히고 삶의 수레바퀴를 불사르나니 그 사르는 것이 지옥 불에서 나느니라 ⁷여러 종류의 짐승과 새와 벌레와 바다의 생물은 다 사람이 길들일 수 있고 길들여 왔거니와 ⁸혀는 능히 길들일 사람이 없나니 쉬지 아니하는 악이요 죽이는 독이 가득한 것이라."

1 내용을 알기 쉽게 정리해보라.

2 혀의 영향력에 대해 말해보라(5-6절).

- 작은 혀는 엄청난 화를 불러일으킨다.
- 작은 불씨가 거대한 숲 전체를 태운다. 거대한 숲을 이루려면 오랜 세월과 사람들의 노력이 필요하지만 그것을 태우는 것은 한순간이다. 이처럼 혀는 작은 불씨 같은 위력을 가지고 있다.
- 혀의 해악은 인생 전체를 재앙 속으로 몰아넣는다. 혀는 지옥불로 인도할 만큼 영향력이 있다.

🔊 말로 인해 어려움을 당했거나 다른 사람에게 피해를 입힌 경우가 있는가?

3 혀가 가진 가장 큰 두 가지 문제점은 무엇인가?(7-8절)

- 많은 종류의 짐승과 벌레가 사람에게 길들여졌지만 불과 10여 센티미터에 불과한 혀를 다스리기는 어렵다.
- 맹수가 자기를 가둔 우리를 빠져나가기 위해 발광하듯 혀도 독을 뿜으려고 요동친다. 혀는 무서운 흉기가 될 수 있다.

🔊 이 두 가지 문제점에 대해 공감하는가?
🔊 그렇다면 당신은 이 문제점을 극복하기 위해 어떤 노력을 하고 있는가?

2 잠언 21장 23절에서 혀와 환난과의 관계를 살펴보자.

"입과 혀를 지키는 자는 자기의 영혼을 환난에서 보전하느니라."

- 혀를 잘못 사용하면 영혼에 악한 영향을 끼친다.
- 잘못된 말은 자기 스스로 죄를 범하게 한다.
- 말과 영적 상태는 깊은 관계가 있다.

🔊 당신은 혀를 지키기 위해 어떤 노력을 하는가?

3   시편 39편 1절을 읽고 다음 물음에 답하라.

"내가 말하기를 나의 행위를 조심하여 내 혀로 범죄하지 아니하리니 악인이 내 앞에 있을 때에 내가 내 입에 재갈을 먹이리라 하였도다."

1 내용을 알기 쉽게 정리해보라.

2 말로 범죄하지 않으려면 어떻게 해야 할까?

- 입에 재갈을 먹인다는 것은 하고 싶은 말이나 해야 할 말까지도 참는다는 것이다.
- 악인 때문에 불평하므로 하나님께 범죄하지 않겠다는 강한 의지를 표현하고 있다.

🔊 당신은 악한 사람을 만났을 때 어떻게 말하는가?
🔊 말로 범죄하지 않기 위해 참고 이겨낸 적이 있으면 말해보라.

3 다윗은 범죄하지 않기 위해 무엇을 했는가?(시 141:3)

"여호와여 내 입에 파수꾼을 세우시고 내 입술의 문을 지키소서."

- 다윗은 자기 입술로 범죄하지 않도록 파수꾼을 세워달라고 기도하고 있다.
- 다윗은 말의 범죄가 얼마나 심각한가를 알고 있었다.

🔊 당신은 입술로 범죄하지 않기 위해 얼마나 기도하고 있는가?

4   마태복음 7장 1-5절에서 다음 질문들의 답을 살펴보자.

"[1]비판을 받지 아니하려거든 비판하지 말라 [2]너희가 비판하는 그 비판으로 너희가 비판을 받을 것이요 너희가 헤아리는 그 헤아림으로 너희가 헤아림을 받을 것이니라 [3]어찌하여 형제의 눈 속에 있는 티는 보고 네 눈 속에 있는 들보는 깨닫지 못하느냐 [4]보라 네 눈 속에 들보가 있는데 어찌하여 형제에게 말하기를 나로 네 눈 속에 있는 티를 빼게 하라 하겠느냐 [5]외식하는 자여 먼저 네 눈 속에서 들보를 빼어라 그 후에야 밝히 보고 형제의 눈 속에서 티를 빼리라."

1 내용을 알기 쉽게 정리해보라.

2 남을 비판할 때 자신에게는 어떤 결과가 주어지는가?(1-2절)

- 비판에는 '정죄하다' '심판하다'는 뜻이 있다.
- 비판은 남에게 너그럽지 못한 거친 마음으로 자신이 심판자처럼 행동하는 것이다.
- 비판하면 남에게서 비판을 받게 된다. 그러므로 비판하는 것은 자신도 다른 사람들의 비판을 받고 싶어 하는 것과 같다. 비판은 비판을 낳는다.

🔊 당신에게 남을 쉽게 비판하는 습관이 있으면 솔직히 말해보라. 비판했을 때 그 결과는 어땠는가?

- 남을 비판하는 사람에게서는 긍휼의 마음을 찾기 어렵다. 이런 사람은 하나님께 긍휼히 여김을 받을 수 없다. 사람은 누구나 하나님의 긍휼이 필요한 존재다.

🔊 긍휼히 여기는 것이 왜 중요한지 다음 성구들에서 찾아보라.

"긍휼히 여기는 자는 복이 있나니 그들이 긍휼히 여김을 받을 것임이요"(마 5:7).

"너희는 가서 내가 긍휼을 원하고 제사를 원하지 아니하노라 하신 뜻이 무엇인지 배우라 나는 의인을 부르러 온 것이 아니요 죄인을 부르러 왔노라 하시니라"(마 9:13).

- 긍휼히 여기는 사람이 영혼을 사랑하고 복음을 전할 수 있다. 남을 쉽게 정죄하는 사람은 영혼 구원에 무관심한 것이다.

3 비판하는 사람은 어떤 모순을 가지고 있는가?(3-4절)

- 비판하는 사람일수록 더 큰 문제점(들보)을 가지고 있다.

🔊 비판하는 자에게 문제가 더 많은 이유는 무엇일까?

- 남을 비판하는 사람은 자신의 상태를 모른다. 자신의 문제보다는 남의 티를 보는 것에 더 관심이 많아 자신에게 들보가 있음을 깨닫지 못한다.

> 사람의 말은 나뭇잎과 같다. 나뭇잎이 무성할 때는 오히려 과실이 적은 법이다. 우리는 침묵하든지 아니면 침묵 이상의 말을 해야 한다.
>
> 피타고라스 그리스의 철학자이자 수학자

4 5절이 주는 교훈을 말해보라.

- 남을 비판하는 것은 외식하는 것이다('외식'은 연극배우라는 뜻).
- 주님이 외식하는 자라고 가장 크게 책망하신 사람은 다름 아닌 바리새인과 서기관들이었다.

🔊 바리새인과 서기관들이 신랄하게 책망받은 이유는 무엇인가?

- 그들은 회개를 모르고 자신들이 심판자인 것처럼 행동했다. 남을 심판하는 것이 체질화된 그들은 자신을 살피지 못하고 강퍅한 마음을 가졌기 때문이다.

🔊 남을 비판하는 것에 대해 당신은 지금까지 어떤 생각을 가지고 있었는가?

5 다음 성구들을 읽고 깨달은 진리를 말해보라.

1 시편 139:4

"여호와여 내 혀의 말을 알지 못하시는 것이 하나도 없으시니이다."

- 사람은 자기가 한 말은 쉽게 잊어버리지만 하나님은 말의 동기까지 빠짐없이 알고 계신다.

🔊 말할 때 깊이 명심해야 할 것은 무엇인가?

- 전지전능하신 하나님이 듣고 계심을 인식하고 말해야 한다.
- 말의 실수가 없도록 성령의 도우심을 구하는 것도 좋은 태도다.

🔊 당신의 말을 하나님이 낱낱이 다 듣고 계신다는 사실에서 어떤 생각이 드는가?

2 마태복음 12:36

"내가 너희에게 이르노니 사람이 무슨 무익한 말을 하든지 심판 날에 이에 대하여 심문을 받으리니."

- "무익한 말"에 해당하는 헬라어는 '아르곤'으로, '쓸모없는' '부주의한'이라는 뜻이다.
- 사소한 말까지도 심문을 받게 된다는 것은 모든 말에 책임을 져야 한다는 것이다.

🔊 당신의 모든 말이 하늘나라 녹음실에서 녹음되고 있다. 지금까지 한 말 가운데 가장 두려운 것을 열거해보라(험담, 비판, 거짓말, 저주 등).

6 그리스도인은 어떤 말을 해야 하는가?

1 잠언 15:1

"유순한 대답은 분노를 쉬게 하여도 과격한 말은 노를 격동하느니라."

- 부드러운 말은 분노를 가라앉히고 과격한 말은 마음에 상처를 주어 괴롭힌다.

🔊 각자 자신의 경우를 예로 들어 유순한 대답의 결과와 과격한 말의 결과를 말해보라.

🔊 자신의 고칠 점이 무엇인지 나누어보라.

2 골로새서 4:6

"너희 말을 항상 은혜 가운데서 소금으로 맛을 냄과 같이 하라 그리하면 각 사람에게 마땅히 대답할 것을 알리라."

- "은혜 가운데서"라는 말은 '즐거운 가운데서'라는 뜻으로 상대방에게 즐거운 마음과 친절함이 전달되도록 하라는 뜻이다.

🔊 "소금으로 맛을 냄과 같이 하라"는 것은 무슨 뜻인가?

- 소금이 우리에게 유익을 주듯 상대방에게 유익을 주는 말을 하라는 뜻이다.
- 즐거운 마음으로 유익한 말을 하면 적절한 대답을 할 수 있다.

🔊 맛을 내는 말을 하기 위해 당신에게 고쳐야 할 점이 있다면 무엇이라고 생각하는가?

3 디도서 2:1

"오직 너는 바른 교훈에 합당한 것을 말하여."

- 사람들이 참된 가르침을 따르도록 권면하라는 것이다.

🔊 "바른 교훈"은 무엇을 말하는가?
- 자신의 경험이나 지식 또는 세상의 여론에 근거한 것이 아니라 하나님의 뜻을 따르는 교훈을 말한다.

🔊 바른 교훈에 합당한 것을 말하기 위해 어떤 노력을 해야 할까?

7 오늘 공부를 통해 느낀 점과 결단한 것을 나누라.

- ■ 성구 암송　잠언 15:1, 베드로전서 1:15–16
- ■ 큐티　마태복음 12:33–37
- ■ 독서 과제　『덕이 되는 말 해가 되는 말』, 『은혜로운 말』(이상 모두 캐롤 메이홀, 네비게이토 역간) 중 택일
- ■ 생활 과제　배우자와 자녀에게 자신의 말에 대해 평가받기(듣기 좋은 말, 듣기 싫은 말을 각각 5가지 이상 적어오기) / 유익한 말을 하기 위해 노력한 실례와 그 결과 적어오기
- ■ 성경 읽기

제임스 M. 휴스턴의 저서 『기도: 하나님과의 우정』(IVP 역간)에 기록된 그리스도인이 지켜야 할 말의 규칙 12가지

① 많은 사람 사이에서는 가급적 말을 적게 하라.
② 행동과 말을 적절하게 하라.
③ 중요하지 않은 문제를 가지고 논쟁하지 마라.
④ 명랑하게 말하라.
⑤ 누구에 대해서도 조소하지 마라.
⑥ 충고할 때는 신중하고 겸손하게 하되 자신의 부족함도 인식해야 한다.
⑦ 상대방의 기분에 맞추어 말하라.
⑧ 상대방을 불쾌하게 하는 말일 경우 반드시 먼저 기도하라.
⑨ 자신이 옳다는 것이 확증되기 전까지는 결코 핑계하지 마라.
⑩ 자랑해야 할 경우 그것이 하나님의 선물임을 잊지 마라.
⑪ 과장하지 마라.
⑫ 어떤 대화든 영적인 유익을 주라.

이 규칙을 따를 때 쓸데없는 잡담과 남을 비판하는 일을 금할 수 있다.

29과 그리스도인의 섬김

도입

하나님은 성도들의 섬김을 원하신다. 섬김은 개인의 능력이 문제가 되지 않는다. 섬김의 자세가 중요하다. 하나님이 원하시는 섬김의 자세가 없다면 그것이 아무리 대단해 보이는 결과를 낸다고 해도 하나님과 상관없는 헛수고에 불과할 뿐이다. 섬김에 대한 하나님의 뜻을 바로 알면 하나님이 원하시는 섬김의 삶을 살 수 있다.

적용

1 마태복음 20장 20-28절이 주는 교훈을 살펴보자.

"**20**그 때에 세베대의 아들의 어머니가 그 아들들을 데리고 예수께 와서 절하며 무엇을 구하니 **21**예수께서 이르시되 무엇을 원하느냐 이르되 나의 이 두 아들을 주의 나라에서 하나는 주의 우편에, 하나는 주의 좌편에 앉게 명하소서 **22**예수께서 대답하여 이르시되 너희는 너희가 구하는 것을 알지 못하는도다 내가 마시려는 잔을 너희가 마실 수 있느냐 그들이 말하되 할 수 있나이다 **23**이르시되 너희가 과연 내 잔을 마시려니와 내 좌우편에 앉는 것은 내가 주는 것이 아니라 내 아버지께서 누구를 위하여 예비하셨든지 그들이 얻을 것이니라 [24]열 제자가 듣고 그 두 형제에 대하여 분히 여기거늘 [25]예수께서 제자들을 불러다가 이르시되 이방인의 집권자들이 그들을 임의로 주관하고 그 고관들이 그들에게 권세를 부리는 줄을 너희가 알거니와 [26]너희 중에는 그렇지 않아야 하나니 너희 중에 누구든지 크고자 하는 자는 너희를 섬기는 자가 되고 [27]너희 중에 누구든지 으뜸이 되고자 하는 자는 너희의 종이 되어야 하리라 [28]인자가 온 것은 섬김을 받으려 함이 아니라 도리어 섬기려 하고 자기 목숨을 많은 사람의 대속물로 주려 함이니라."

1 내용을 알기 쉽게 정리해보라.

2 세베대의 아들들의 어머니가 예수님께 구한 것에 대해 각자의 생각을 말해보라.
- 자녀의 세상적인 출세를 바라는 부모의 마음이다.

🔊 당신은 자녀의 성공을 위해 지나칠 정도로 열심을 내고 있지 않은가?

3 22절에 나오는 예수님의 답변에 담긴 의미를 말해보라.
- 제자들은 그때까지 복음을 위한 고난의 잔보다 세상이 주는 영광의 잔에 더 관심이 있었다.
- 성공과 출세를 위해 관심을 기울이다 보면 세상적인 복(명예, 부)의 범주를 벗어나지 못한다.

🔊 이 말씀에 비추어 주님이 나에게 가장 원하시는 것이 무엇이라고 생각하는가?

4 세상을 주관하는 것과 하나님 나라를 주관하는 것의 차이점을 말해보라(25-27절).
- 세상을 주관하는 것은 남을 부리는 권세지만, 하나님 나라를 주관하는 것은 섬김이다.

🔊 당신은 어느 편을 추구하고 있는가? 그것을 뒷받침할 수 있는 근거를 말해보라.

5 하나님께 으뜸이라고 인정받기 위해서는 어떻게 해야 하는가?

- 섬기는 자, 종이 되어야 한다(26-27절).

🔊 당신은 하나님께 인정받기 위해 어떤 노력을 하고 있는가?

🔊 우리가 반드시 섬기는 자가 되고 종이 되어야 하는 이유는 무엇인가?

- 예수님이 섬김으로 하나님의 뜻을 이루셨기 때문이다(28절).

2 섬기는 자가 반드시 기억해야 할 두 가지를 다음 성구들에서 찾아보라.

1 마가복음 10:44

"너희 중에 누구든지 으뜸이 되고자 하는 자는 모든 사람의 종이 되어야 하리라."

- 종은 맡겨진 일에 최선을 다해야 한다. 자신의 기분이나 상황 때문에 종이 되는 것을 포기해서는 안 된다.
- 종에게 자신의 뜻이란 없다. 종은 오직 주인의 뜻대로 행할 뿐이다.

🔊 주님의 일을 하며 마치 내가 주인인 것처럼 내 마음대로 한 적은 없는지 각자 자신의 섬김의 자세를 말해보라.

2 누가복음 17:10

"이와 같이 너희도 명령 받은 것을 다 행한 후에 이르기를 우리는 무익한 종이라 우리가 하여야 할 일을 한 것뿐이라 할지니라."

- 자신에게 맡겨진 일을 행한 후에 마땅히 할 일을 했다는 생각 외에는 하지 말아야 한다.
- 맡겨진 일을 다 행한 후에 주위 사람에게서 인정받고 평가받는 것이 목적이 아니라 주인의 마음을 흡족하게 해주는 것이 종의 관심사가 되어야 한다.

🔊 당신은 주위 사람들의 평가에 민감하게 반응하지 않는가?

🔊 주님의 일을 섬긴 후 인정받지 못해서 섭섭했던 경험이 있으면 말해보라.

🔊 이 말씀을 통해 느낀 점을 말해보라.

3 베드로전서 4장 10-11절이 주는 교훈을 말해보라.

"¹⁰각각 은사를 받은 대로 하나님의 여러 가지 은혜를 맡은 선한 청지기 같이 서로 봉사하라 ¹¹만일 누가 말하려면 하나님의 말씀을 하는 것 같이 하고 누가 봉사하려면 하나님이 공급하시는 힘으로 하는 것 같이 하라 이는 범사에 예수 그리스도로 말미암아 하나님이 영광을 받으시게 하려 함이니 그에게 영광과 권능이 세세에 무궁하도록 있느니라 아멘."

1 내용을 알기 쉽게 정리해보라.

2 선한 청지기의 의미는 무엇인가?(10절)
- 청지기는 주인의 재산을 맡아서 일하는 관리인으로 주인의 재산을 주인의 뜻대로 분배하고 사용하는 담당자다.
- 하나님이 우리에게 주신 재능과 은사도 우리 자신의 즐거움을 위해 주신 것이 아니므로 주인이신 하나님의 뜻에 따라 사용해야 한다.

3 선한 청지기에게서 나타나는 두 가지 자세를 11절에서 살펴보라.
- 하나님의 것으로 봉사한다는 겸손한 자세
- 봉사를 통해 하나님께만 영광을 돌리려는 자세

🔊 당신은 스스로 선한 청지기라고 말할 수 있는가?

4 자신의 청지기 정신에 문제점이 있다면 무엇인지 말해보라.
- 자신의 힘으로 일한다는 생각은 교만한 것이며, 그런 사람은 결과에 대한 영광을 자신이 차지하려고 할 것이다.

🔊 선한 청지기가 되기 위해 바꾸어야 할 태도가 있다면 무엇인가?

4 참된 봉사자에게 주어지는 결과를 알아보고 느낀 점을 말해보라.

1 마태복음 5:19

"그러므로 누구든지 이 계명 중의 지극히 작은 것 하나라도 버리고 또 그같이 사람을 가르치는 자는 천국에서 지극히 작다 일컬음을 받을 것이요 누구든지 이를 행하며 가르치는 자는 천국에서 크다 일컬음을 받으리라."

- 청지기 정신을 가진 사람이 섬기는 참된 봉사는 그것이 지극히 작아 보일지라도 하늘나라에서 큰 것으로 인정받을 것이다.

2 누가복음 6:38

"주라 그리하면 너희에게 줄 것이니 곧 후히 되어 누르고 흔들어 넘치도록 하여 너희에게 안겨 주리라 너희가 헤아리는 그 헤아림으로 너희도 헤아림을 도로 받을 것이니라."

- 청지기 정신을 가지면 자신의 유익을 위해 헤아리지 않는다.
- 하나님은 섬기는 자에게 눌러서 가득 채워주신다.

> 봉사를 위해 하는 사업은 번영하고 이득을 위해 하는 사업은 망할 것이다.
>
> 헨리 포드 미국의 자동차 왕

3 베드로전서 5:3-4

"³맡은 자들에게 주장하는 자세를 하지 말고 양 무리의 본이 되라 ⁴그리하면 목자장이 나타나실 때에 시들지 아니하는 영광의 관을 얻으리라."

- 교회 지도자는 주장하는 자세로 하지 말고 먼저 본을 보여야 한다.
- 겸손한 자세로 모범을 보일 때 가장 큰 영향력을 끼치게 된다.
- 하나님은 거룩한 영향력을 끼친 자에게는 시들지 않는 영원한 면류관을 주실 것이라 약속하셨다.

🔊 당신은 당신에게 맡겨진 사람들(자녀, 순원, 학생, 전도대상자 등)에게 본이 되고 있는가? 깨달은 점이 있으면 나누어보라.

5 오늘 공부를 통해 느낀 점과 결단한 것을 나누고 함께 기도하자.

- 성구 암송 마가복음 10:45, 누가복음 6:38
- 큐티 누가복음 22:24-27
- 독서 과제 『섬기는 공동체, 교회』(배창돈, 국제제자훈련원)
- 생활 과제 교회에서 섬김이 필요한 일 하나를 찾아 실천한 후 보고서 쓰기(섬긴 동기, 내용, 결과, 느낀 점)
- 성경 읽기

오늘날 사람들 사이에서 일어나는 다툼의 밑바탕에는 자기만 섬김받기를 원하는 이기적인 생각이 깔려 있다. 서로서로 섬기는 곳은 천국처럼 평화롭고 사랑이 넘치지만, 자기만 섬김받기를 원하면 어떤 공동체든 지옥으로 변하고 말 것이다. 섬김은 예수님 사역의 정신이었다. 그분은 이 땅에 섬기러 오셨고, 섬김으로 영혼들을 구원하셨다. 그리고 제자들에게 섬김을 강조하시며 섬기는 자가 으뜸 된 자라고 하셨다. 섬김의 위대한 결과는 무신론자들의 마음까지 변화시켰다. 미국의 유명한 무신론자 소설가인 테오도어 드라이저(Theodore Dreiser)는 모든 종교를 비난했지만 예수님이 자신에게 감동을 준 위대한 원칙이 있는데, 그것은 '다른 사람을 섬기는 것'이라고 고백했다. 섬김은 타이밍이다. 기회가 주어질 때 잡는 사람이 지혜로운 사람이다. 천국 시상대에서 주님의 칭찬과 격려를 받는 사람은 섬김의 도를 실천한 사람이다.

30과 지속적인 경건생활

도입

경건생활을 한다는 것은 하나님을 신뢰하고, 지속적으로 주님과 교제하며, 동시에 하늘에 소망을 두고 사는 것을 말한다. 그리고 경건이란 하나님이 기뻐하시는 일을 행하며 주님의 성품을 닮아가고자 노력하는 것이다. 하나님의 자녀는 경건을 사모하는 사람이어야 한다. 이런 거룩한 바람이 없는 사람은 그리스도인으로서의 열매를 기대할 수 없다. 경건생활은 주님 앞에 갈 때까지 계속되어야 더욱 빛을 발할 수 있다.

적용

1 디모데전서 4장 7-8절을 읽고 경건에 대해 알아보자.

"⁷망령되고 허탄한 신화를 버리고 경건에 이르도록 네 자신을 연단하라 ⁸육체의 연단은 약간의 유익이 있으나 경건은 범사에 유익하니 금생과 내생에 약속이 있느니라."

1 내용을 알기 쉽게 정리해보라.

2 경건생활에 방해가 되는 것은 무엇인가?

- "망령되고 허탄한 신화": 진리에서 벗어난 어리석은 사람들의 가르침으로 무가치한 것을 말한다.

🔊 자신의 경건생활은 장애가 되는 것이 있다면 무엇인지 말해보라.

3 경건에 이르기 위해 자신을 연단해야 하는 이유는 무엇인가?

- 영적으로 성숙하여 죄를 이기기 위해서는 지속적인 경건생활을 해야 한다.
- 아무리 훌륭한 선수라도 훈련을 게을리하고 다른 것에 한눈을 팔면 안 되는 것처럼 경건생활도 지속적으로 이어나가야 한다.

4 당신은 경건에 이르기 위해 어떤 연단을 하고 있는가?

- 꾸준한 기도생활과 말씀묵상을 해야 한다.

5 경건이 주는 유익에 대해 말해보라(8절).

- 경건은 이 땅에서뿐 아니라 오는 세상에서까지 복이 된다는 것을 기억해야 한다.

🔊 당신이 지속적인 경건생활을 하고 있다면 어떤 유익을 얻고 있는가?

2 사도행전 10장 1-5절에 나오는 고넬료를 통해 경건한 자의 모습을 살펴보자.

"¹가이사랴에 고넬료라 하는 사람이 있으니 이달리야 부대라 하는 군대의 백부장이라 ²그가 경건하여 온 집안과 더불어 하나님을 경외하며 백성을 많이 구제하고 하나님께 항상 기도하더니 ³하루는 제 구 시쯤 되어 환상 중에 밝히 보매 하나님의 사자가 들어와 이르되 고넬료야 하니 ⁴고넬료가 주목하여 보고 두려워 이르되 주여 무슨 일이니이까 천사가 이르되 네 기도와 구제가 하나님 앞에 상달되어 기억하신 바가 되었으니 ⁵네가 지금 사람들을 욥바에 보내어 베드로라 하는 시몬을 청하라."

1 고넬료는 어떤 사람이었는지 1–2절을 요약해서 말해보라.

- 로마군대의 백부장이었던 고넬료는 경건한 사람이었다.
- 고넬료의 온 집안은 하나님을 경외하고 많은 사람을 구제했으며, 그는 늘 기도에 힘쓴 사람이었다.

2 고넬료가 경건하게 살 수 있도록 도움을 준 것은 무엇이었는가?

- 하나님에 대한 경외심 그리고 항상 기도하는 생활

🔊 당신의 경건생활에 도움을 주는 것은 무엇인지 말해보라.

3 고넬료의 경건은 사람들에게 어떤 모습으로 나타났는가?

- 가난한 사람들에게 사랑을 베푸는 구제의 모습으로 나타났다.

🔊 당신의 경건생활은 외적으로 어떻게 나타나고 있는가?

4 경건한 사람을 향한 하나님의 인도하심에 대해 말해보라(3–5절).

- 고넬료에게 사도 베드로를 만나게 해주셨다.
- 하나님은 경건한 사람에게 믿음의 사람과의 만남을 허락해주신다.

🔊 경건한 생활에 힘쓸 때의 만남과 영적으로 나태할 때의 만남에 어떤 차이가 있는지 경험에 비추어 말해보라.

3 경건하지 않은 사람에게는 어떤 결과가 주어지는지 베드로후서 2장 6절에서 살펴보자.

"소돔과 고모라 성을 멸망하기로 정하여 재가 되게 하사 후세에 경건하지 아니할 자들에게 본을 삼으셨으며."

- 죄악의 도시 소돔과 고모라에 불을 내려 잿더미로 만드셔서 후세에 경건하지 않는 자들에게 본보기를 보여주셨다.
- 롯은 소돔과 고모라에 살면서 경건의 영향력을 끼치지 못했다.
- 성도들은 자기가 사는 공동체와 이웃에게 경건의 영향력을 끼쳐야 한다.

🔊 당신의 경건생활은 주변에 어떤 영향을 끼치고 있는가?(가족, 교회, 직장, 이웃)

경건은 두려움과 함께 시작하여 사랑으로 완성된다.　　　　아우구스티누스

---

4 베드로후서 2장 9절이 주는 교훈을 살펴보자.

"주께서 경건한 자는 시험에서 건지실 줄 아시고 불의한 자는 형벌 아래에 두어 심판 날까지 지키시며."

1 내용을 알기 쉽게 정리해보라.

2 하나님은 경건한 사람에게 어떻게 하시는가?
- 그가 시험당할 때 도우신다.

🔊 경건한 삶으로 인하여 하나님의 도우심을 받은 경우가 있으면 나누어보라.

5 경건하게 살려면 어떤 자세가 필요한가?

1 디모데전서 6:6

"그러나 자족하는 마음이 있으면 경건은 큰 이익이 되느니라."

- 자족하는 마음은 경건에 큰 도움이 된다(자족하는 마음: 어떤 경우에도 만족하는 마음).
- 하나님께 소망을 두고 살면 어떤 경우라도 마음의 평안함과 풍족함을 누릴 수 있다. 그러나 세상적인 욕심을 가지고 살면 언제나 부족함을 느끼고 심한 스트레스에 시달리게 된다.

2 디모데후서 2:16

"망령되고 헛된 말을 버리라 그들은 경건하지 아니함에 점점 나아가나니."

- 망령되고 헛된 말(쓸모없는 세상 이야기)은 하나님과 멀어지게 한다.
- 말을 바꾸지 않고는 경건한 사람이라고 할 수 없다.
- 쓸모없는 세상적인 것들을 이야기하는 사람들을 피해야 한다. 이런 사람들은 우리를 하나님에게서 점점 더 멀어지게 만들기 때문이다.

🔊 말이 경건생활에 중요하다는 사실에서 무엇을 느끼는가?

3 디모데후서 3:12

"무릇 그리스도 예수 안에서 경건하게 살고자 하는 자는 박해를 받으리라."

- 경건하게 살려고 할 때 박해도 있을 것이다. 불신자들은 경건한 삶을 인정하기보다는 그들을 유별난 사람으로 보기 때문이다.
- 경건한 삶에는 칭찬과 함께 박해도 있음을 기억해야 한다.

🔊 경건하게 살고자 하는 것 때문에 박해를 받았던 경험과 그것을 어떻게 극복했는지 말해보라.

6 디모데후서 3장 5절에서 느낀 점을 말해보라.

"경건의 모양은 있으나 경건의 능력은 부인하니 이같은 자들에게서 네가 돌아서라."

- 겉으로는 경건한 것처럼 보여도 실제로 하나님을 경외하지 않는 것을 하나님은 싫어하신다.
- 하나님은 이런 자들에게서 돌아서라고 강력하게 말씀하신다.

◀) 당신이 경건의 능력을 가진 사람이 되기 위해 가장 필요한 것은 무엇이라고 생각하는가?

7 오늘 공부를 통해 깨달은 당신의 경건생활의 문제점과 결단한 것을 나누어보라.

- **성구 암송**   시편 62:5, 디모데전서 6:6
- **큐티**   사도행전 10:1-8
- **독서 과제**   『내 마음 그리스도의 집』(로버트 멍어, IVP 역간)
- **생활 과제**   한 주간 경건생활을 위해 의식적으로 노력한 것과 그 결과를 세 가지 이상 적어 오기
- **성경 읽기**

하나님은 우리가 단 한 번에 모든 것을 얻도록 하지 않으셨다. 끊임없이 노력하고 인내하여 이루어가도록 하셨다. 꾸준한 노력이 없다면 성장하기보다는 퇴보할 수밖에 없다. 하나님은 자연의 이치를 통해서도 이 원리를 알려주셨다. 독수리가 하늘 높이 날기 위해서는 세찬 바람을 가르며 날아가는 연습을 몇 번이고 해야 한다. 아무리 독수리라고 해도 연습하지 않으면 날 수 없다. 세상의 어떤 일도 계속 훈련하지 않으면 어떤 수준 이상으로 올라갈 수 없다. 더구나 영적 군사인 그리스도인은 지속적인 경건생활을 통해 자신을 지켜야 한다. 매일 자신을 쳐서 복종했던 바울 사도는 그 누구도 맺지 못한 풍성한 열매를 얻었다. 그리고 당당하게 고백했다. "나는 선한 싸움을 싸우고 나의 달려갈 길을 마치고 믿음을 지켰으니 이제 후로는 나를 위하여 의의 면류관이 예비되었으므로 주 곧 의로우신 재판장이 그 날에 내게 주실 것이며 내게만 아니라 주의 나타나심을 사모하는 모든 자에게도니라"(딤후 4:7-8).

31과 행동으로 나타내는 사랑

도입

사람에게 가장 어려우면서도 가장 필요한 것이 바로 사랑이다. 신앙 인격과 삶이 잘 갖추어져도 사랑이 없으면 아무것도 아니다. 성도들이 가장 많이 실패하는 것이 바로 사랑이다. 하나님은 사랑의 대상을 정하지 않으셨다. 그리고 우리를 무제한적으로 사랑하셨다. 하나님은 도무지 용서받을 수 없는 우리를 사랑으로 받아주셨다. 그러므로 우리도 용서할 수 없는 사람을 사랑해야 한다. 사랑은 세상을 아름답게 만드는 능력이요 가장 큰 힘이다. 예수 그리스도의 사랑으로 변화시킬 수 없는 것은 아무것도 없다. 이 시간 행동으로 나타내는 사랑에 대해 공부하도록 하자.

적용

1 누가복음 10장 25-37절을 읽고 다음 물음에 답하며 사랑에 대해 살펴보자.

"²⁵어떤 율법교사가 일어나 예수를 시험하여 이르되 선생님 내가 무엇을 하여야 영생을 얻으리이까 ²⁶예수께서 이르시되 율법에 무엇이라 기록되었으며 네가 어떻게 읽느냐 ²⁷대답하여 이르되 네 마음을 다하며 목숨을 다하며 힘을 다하며 뜻을 다하여 주 너의 하나님을 사랑하고 또한 네 이웃을 네 자신 같이 사랑하라 하였나이다 ²⁸예수께서 이르시되 네 대답이 옳도다 이를 행하라 그러면 살리라 하시니 ²⁹그 사람이 자기를 옳게 보이려고 예수께 여짜오되 그러면 내 이웃이 누구니이까 ³⁰예수께서 대답하여 이르시되 어떤 사람이 예루살렘에서 여리고로 내려가다가 강도를 만나매 강도들이 그 옷을 벗기고 때려 거의 죽은 것을 버리고 갔더라 ³¹마침 한 제사장이 그 길로 내려가다가 그를 보고 피하여 지나가고 ³²또 이와 같이 한 레위인도 그 곳에 이르러 그를 보고 피하여 지나가되 ³³어떤 사마리아 사람은 여행하는 중 거기 이르러 그를 보고 불쌍히 여겨 ³⁴가까이 가서 기름과 포도주를 그 상처에 붓고 싸매고 자기 짐승에 태워 주막으로 데리고 가서 돌보아 주니라 ³⁵그 이튿날 그가 주막 주인에게 데나리온 둘을 내어 주며 이르되 이 사람을 돌보아 주라 비용이 더 들면 내가 돌아올 때에 갚으리라 하였으니 ³⁶네 생각에는 이 세 사람 중에 누가 강도 만난 자의 이웃이 되겠느냐 ³⁷이르되 자비를 베푼 자니이다 예수께서 이르시되 가서 너도 이와 같이 하라 하시니라."

1 내용을 알기 쉽게 정리해보라.

2 율법사가 예수님께 대답한 내용을 하나님을 향한 사랑과 이웃을 향한 사랑으로 나누어 간략하게 설명해보라.

- 하나님을 향한 사랑: 마음과 목숨과 힘과 뜻을 다해 사랑하라. 이는 전인격적으로 사랑하라는 뜻이다(가진 모든 것을 동원하여).
- 이웃을 향한 사랑: 네 몸과 같이 사랑하라. 이는 무조건 사랑하라는 뜻이다.

3 율법사의 답변에 대해 예수님은 28절에서 "행하라"고 말씀하셨다. 이는 알면서도 행하지 않으면 아무 소용이 없다는 뜻이다. 그렇다면 행동하는 사랑은 어떤 결과를 얻을 수 있는지 요한복음 14장 21절에서 살펴보자.

"나의 계명을 지키는 자라야 나를 사랑하는 자니 나를 사랑하는 자는 내 아버지께 사랑을 받을 것이요 나도 그를 사랑하여 그에게 나를 나타내리라."

- 예수님은 자신의 말씀대로 이웃을 사랑해야 예수님을 사랑하는 자라고 하신다.
- 예수님의 말씀대로 행할 때 하나님의 사랑을 받게 될 뿐 아니라 예수님의 구체적인 사랑을 경험할 수 있다.

🔊 하나님 말씀을 순종하고 사랑하여 누린 은혜가 있으면 말해보라.

4 사마리아 사람과 다른 사람들(제사장과 레위인)과의 차이점은 무엇인가?

- 행함과 행하지 않음의 차이가 있다. 알고도 행하지 않으면 아무런 유익이 없다.

🔊 사마리아 사람은 사랑을 어떻게 실천했는가?

- 자신의 시간과 물질을 사용하여 강도 만난 사람을 끝까지 책임지고 있다.

🔊 사랑은 행동으로 나타나야 한다는 사실에서 무엇을 느끼는가?

5 다음 성구들이 주는 교훈을 살펴보자.

1. 요한일서 3:18

"자녀들아 우리가 말과 혀로만 사랑하지 말고 행함과 진실함으로 하자."

- 사랑은 말과 혀로만이 아닌 행함으로 보여주어야 한다. 그것이 진실한 사랑이다.

2. 누가복음 12:47-48

"⁴⁷주인의 뜻을 알고도 준비하지 아니하고 그 뜻대로 행하지 아니한 종은 많이 맞을 것이요 ⁴⁸알지 못하고 맞을 일을 행한 종은 적게 맞으리라 무릇 많이 받은 자에게는 많이 요구할 것이요 많이 맡은 자에게는 많이 달라 할 것이니라."

- 알고도 행하지 않는 사람은 많이 맞는다. 아는 만큼 책임이 요구되기 때문이다.

🔊 하나님의 말씀을 알고도 행하지 않는 것이 있으면 말해보라.

2 로마서 13장 10절에서 사랑을 어떻게 묘사하고 있는지 찾아보라.

"사랑은 이웃에게 악을 행하지 아니하나니 그러므로 사랑은 율법의 완성이니라."

- 사랑이 있으면 법이 소용이 없다. 사랑은 악을 행하지 않기 때문이다.
- 그러므로 사랑하면 율법을 완성하는 것이다.

3 요한복음 13장 34-35절이 주는 의미를 살펴보라.

"³⁴새 계명을 너희에게 주노니 서로 사랑하라 내가 너희를 사랑한 것 같이 너희도 서로 사랑하라 ³⁵너희가 서로 사랑하면 이로써 모든 사람이 너희가 내 제자인 줄 알리라."

1 우리는 어떻게 사랑해야 하는가?

- 예수님은 우리에게 자신이 하신 것처럼 사랑하라고 하신다. 성도들에게 대단히 높은 기대를 하고 계신다. 예수님의 사랑을 받은 자는 마땅히 그 사랑을 나누어주는 것이 주님의 뜻이다.

🔊 예수님은 당신에게 어떤 사랑을 주셨는가?
🔊 당신은 예수님께 받은 사랑을 다른 사람들에게 어떻게 나누어주고 있는가?

2 서로 사랑할 때 어떤 결과에 이르는지 말해보라.

- 예수님의 제자로 인정받게 된다.
- 그리스도인이라는 사실을 가장 잘 증명할 수 있는 방법이 사랑이다.
- 사랑하지 않으면 복음이 전파되지 않을 뿐더러 제자의 역할을 감당할 수 없다.
- 직분이나 경력보다 확실한 증명서는 사랑임을 기억해야 한다.

🔊 당신은 가정이나 직장에서 예수님의 사랑을 나타내고 있다고 생각하는가? 당신이 지금 당장 사랑해야 할 사람은 누구인가?

> 우리가 서로 사랑할 때 하나님이 가까이 오신다.   페스탈로치

4 사랑에 관한 명령을 살펴보자.

1 고린도전서 16:14

"너희 모든 일을 사랑으로 행하라."

- 사랑은 수단이 아니라 그리스도인의 삶 자체가 되어야 한다. 그러므로 모든 것을 사랑으로 행해야 한다.
- 감정에 따라 행하는 일시적인 사랑이 아니라 항상 사랑을 품고 한결같이 행해야 한다.

🔊 당신의 사랑은 어떤 사랑이라고 할 수 있는가?

2 베드로전서 4:8

"무엇보다도 뜨겁게 서로 사랑할지니 사랑은 허다한 죄를 덮느니라."

- 성도에게 요구되는 것은 열심을 다해 사랑하는 것이다.
- 성도는 죄를 용서받은 자이기에 서로 용서해야 한다. 자신이 용서받았음을 아는 자는 용서할 수 있다. 용서할 수 있는 힘은 적극적인 사랑이다. 예수님이 생명까지 주시면서 죄를 용서하시고 사랑해주신 사실을 결코 잊어서는 안 된다.

🔊 당신이 용서해야 할 사람이 있는가? 앞으로 어떻게 할 것인지 말해보라.

5 오늘 공부를 통해 느낀 점과 결단한 것을 나누고 서로를 위해 기도하자.

- ■ 성구 암송　　베드로전서 4:8, 요한일서 3:18
- ■ 큐티　　　　마태복음 18:21-36
- ■ 생활 과제　　아직도 미움의 감정이 있는 사람을 찾아가 화해하기
  (멀리 있는 경우는 편지로)
- ■ 독서 과제　　『참사랑은 그 어디에』(마쓰미 토요토미), 『누가 나의 이웃인가』(존 스토트, 이상 모두 IVP 역간) 중 택일
- ■ 성경 읽기

사랑의 성자로 유명한 성 프란시스가 어느 날 외출하고 없는 사이 제자들만 있던 집에 도둑이 들었다. 제자들은 먹을 것을 내놓으라고 소리치는 도둑을 밖으로 내쫓았다. 마침 일을 마치고 집으로 들어오다가 이 광경을 본 프란시스는 제자들에게 사랑이 부족함을 꾸짖었다. 그리고 도둑을 집으로 불러들인 후 악수를 청하며 "당신이 원하는 음식이 여기 있소"라며 음식을 주고, "이 추운 겨울에 얼마나 춥소"라고 말하며 자신의 옷을 벗어 그에게 덮어주었다. 크게 감격한 도둑은 눈물을 흘리며 자신의 죄를 회개했다.

사람을 변화시킬 수 있는 가장 큰 힘은 사랑이다. 사랑은 불가능한 일을 가능케 하는 위대한 힘이다.

32과 인간관계

도입

성도는 다른 사람들과 좋은 관계를 유지해야 한다. 탁월한 성경 지식을 가지고 있고 신앙의 연수도 오래된 사람들이 오히려 인간관계의 어려움을 겪는 것을 종종 보게 된다. 좋은 인간관계를 유지하는 사람이 좋은 리더가 되고 좋은 성도가 될 수 있다. 성도들이 가정이나 직장에서 존경받지 못하고 지탄의 대상이 된다면 하나님의 영광을 가리고 복음을 전하는 데 방해가 된다. 성경에 나오는 믿음의 사람들은 하나님과의 관계뿐 아니라 좋은 인간관계를 맺을 줄 알았다. 하나님이 요구하시는 인간관계에 대해 공부하도록 하자.

적용

1 창세기 13장 6-11절을 읽고 다음 물음에 답하라.

"⁶그 땅이 그들이 동거하기에 넉넉하지 못하였으니 이는 그들의 소유가 많아서 동거할 수 없었음이니라 ⁷그러므로 아브람의 가축의 목자와 롯의 가축의 목자가 서로 다투고 또 가나안 사람과 브리스 사람도 그 땅에 거주하였는지라 ⁸아브람이 롯에게 이르되 우리는 한 친족이라 나나 너나 내 목자나 네 목자나 서로 다투게 하지 말자 ⁹네 앞에 온 땅이 있지 아니하냐 나를 떠나가라 네가 좌하면 나는 우하고 네가 우하면 나는 좌하리라 ¹⁰이에 롯이 눈을 들어 요단 지역을 바라본즉 소알까지 온 땅에 물이 넉넉하니 여호와께서 소돔과 고모라를 멸하시기 전이었으므로 여호와의 동산 같고 애굽 땅과 같았더라 ¹¹그러므로 롯이 요단 온 지역을 택하고 동으로 옮기니 그들이 서로 떠난지라."

1 내용을 알기 쉽게 정리해보라.

아브람과 롯이 애굽을 떠나 벧엘과 아이 사이에 거주하게 되었을 때 두 사람이 살기에는 그 땅이 너무 좁아서 아브람의 목자들과 롯의 목자들 사이에 다툼이 일어나기 시작했다. 그때 아브람이 롯에게 "너와 나 사이에 다툼이 있어서는 안 된다. 모든 땅이 네 앞에 있으니, 네가 왼쪽으로 가면 나는 오른쪽으로 가고, 네가 오른쪽으로 가면 나는 왼쪽으로 가겠다"고 말했다. 그때 롯은 소알 쪽으로 있는 여호와의 동산 같기도 하고 애굽 땅 같기도 한 소돔과 고모라를 선택했고, 이에 아브람과 롯은 서로 떨어져 살게 된다.

2 아브라함은 조카 롯과의 갈등을 어떻게 풀었는지 다음 구절을 통해 살펴보자.

1. 8절

- 아브라함은 갈등의 원인을 발견하고 대화를 추진했다.

2. 9절

- 아브라함은 롯의 유익을 위해 자신의 권리를 포기했다.

🔊 아브라함을 보면서 느낀 점을 말해보라.
🔊 당신이 양보하여 문제를 해결한 경우가 있으면 말해보라.

2 출애굽기 2장 11-15절이 주는 교훈을 살펴보자.

"**11**모세가 장성한 후에 한번은 자기 형제들에게 나가서 그들이 고되게 노동하는 것을 보더니 어떤 애굽 사람이 한 히브리 사람 곧 자기 형제를 치는 것을 본지라 **12**좌우를 살펴 사람이 없음을 보고 그 애굽 사람을 쳐죽여 모래 속에 감추니라 **13**이튿날 다시 나가니 두 히브리 사람이 서로 싸우는지라 그 잘못한 사람에게 이르되 네가 어찌하여 동포를 치느냐 하매 **14**그가 이르되 누가 너를 우리를 다스리는 자와 재판관으로 삼았느냐 네가 애굽 사람을 죽인 것처럼 나도 죽이려느냐 모세가 두려워하여 이르되 일이 탄로되었도다 **15**바로가 이 일을 듣고 모세를 죽이고자 하여 찾는지라 모세가 바로의 낯을 피하여 미디안 땅에 머물며 하루는 우물곁에 앉았더라."

1 모세는 애굽 사람이 히브리 사람인 자기 형제를 치는 것을 보고 어떻게 했는가?

- 그 애굽 사람을 죽이고 모래 속에 감추었다.

2 모세는 어떤 성격의 소유자로 보이는지 당신의 생각을 말해보라(12-13절).

- 모세는 남다른 동포애를 가지고 있었다.
- 분노하면 인내하지 못하고 그대로 행동한 것을 보아서 불 같은 성격의 소유자로 보인다.
- 모세는 40세까지 궁중에서 학문과 교양을 충분히 배웠지만 자신의 분노를 조절하지 못했다.

3 모세에게 아쉬운 점이 있다면 무엇인가?(12절)

- 모세는 좌우에 있는 사람만 살폈지 위에 계신 하나님을 잊고 있었다.
- 우리는 항상 하나님 앞에서 행동해야 한다.

🔊 당신은 다른 사람들과의 관계에서 항상 하나님을 의식하여 말하고 행동하는가?

4 분노가 치밀 때 어떻게 행동해야 할까? 다음 성구들을 읽고 느낀 점을 말해보라.

1. 잠언 14:29

"노하기를 더디 하는 자는 크게 명철하여도 마음이 조급한 자는 어리석음을 나타내느니라."

- 노하기를 더디 하는 자는 지혜롭고, 마음이 조급한 사람은 미련한 일을 행하게 된다.

🔊 분노를 참지 못하고 어리석은 행동을 한 경험이 있으면 말해보라.
🔊 반대로 분노를 참음으로 유익했던 경험이 있으면 말해보라.

2. 잠언 15:18

"분을 쉽게 내는 자는 다툼을 일으켜도 노하기를 더디 하는 자는 시비를 그치게 하느니라."

🔊 분노를 참지 못하고 누군가와 다투었던 경험이 있는가? 그 결과는 어땠는가?
🔊 분노를 참음으로 시비를 그친 경우가 있다면 말해보라.

3 성도는 서로 지체 된 관계다. 지체끼리 서로 어떻게 대해야 하는지 고린도전서 12장 20-27절에서 살펴보자.

"[20]이제 지체는 많으나 몸은 하나라 [21]눈이 손더러 내가 너를 쓸 데가 없다 하거나 또한 머리가 발더러 내가 너를 쓸 데가 없다 하지 못하리라 [22]그뿐 아니라 더 약하게 보이는 몸의 지체가 도리어 요긴하고 [23]우리가 몸의 덜 귀히 여기는 그것들을 더욱 귀한 것들로 입혀 주며 우리의 아름답지 못한 지체는 더욱 아름다운 것을 얻느니라 그런즉 [24]우리의 아름다운 지체는 그럴 필요가 없느니라 오직 하나님이 몸을 고르게 하여 부족한 지체에게 귀중함을 더하사 [25]몸 가운데서 분쟁이 없고 오직 여러 지체가 서로 같이 돌보게 하셨느니라 [26]만일 한 지체가 고통을 받으면 모든 지체가 함께 고통을 받고 한 지체가 영광을 얻으면 모든 지체가 함께 즐거워하느니라 [27]너희는 그리스도의 몸이요 지체의 각 부분이라."

1 예수님이 우리를 자신의 지체라고 불러주시는 것에 어떤 느낌을 받는가?

- 지체란 신체를 이루는 한 부분으로 유기적인 관계를 가지고 있는 것을 말한다.
- 유기적 관계란 생물체처럼 전체를 구성하고 있는 각 부분이 서로 밀접하게 관련되어 떼어낼 수 없는 관계를 말한다.

2 다음 성구들이 주는 교훈을 말해보라.

1. 20절

- 자신에 대한 우월감으로 다른 지체를 우습게 여기거나 무시해서는 안 된다.
- 모든 지체는 사랑의 대상임을 기억해야 한다.

🔊 당신이 은근히 무시하는 지체는 없는지 반성해보자.

2. 22–24절

- 모든 지체는 다 귀하다는 것을 알아야 한다.
- 몸의 지체 가운데 필요 없는 것이 없듯 우리는 모든 성도를 귀하게 여겨야 한다.

3. 25절

- 지체는 다투면 안 된다. 이해하고 용납해주어야 한다.
- 다투는 것은 영적 어린아이들이 하는 일이다(영적 어린아이가 많은 교회는 다툼이 끊이지 않는다).
- 지체는 고통과 영광을 함께한다.

🔊 당신은 지체의 기쁨을 함께 기뻐하고, 고통을 함께 아파한다고 자신있게 말할 수 있는가?

4 그리스도인의 인간관계는 어떠해야 하는가? 빌립보서 2장 3–5절에서 살펴보라.

"³아무 일에든지 다툼이나 허영으로 하지 말고 오직 겸손한 마음으로 각각 자기보다 남을 낫게 여기고 ⁴각각 자기 일을 돌볼뿐더러 또한 각각 다른 사람들의 일을 돌보아 나의 기쁨을 충만하게 하라 ⁵너희 안에 이 마음을 품으라 곧 그리스도 예수의 마음이니라."

1 다른 사람과의 관계에서 버려야 할 자세는 무엇인가?

• 어떤 일도 다툼이나 허영으로 하지 말아야 한다.

2 다른 사람과의 관계에서 어떤 자세를 가져야 하는가?

• 겸손한 마음으로 자기보다 남을 낫게 여겨야 한다.

🔊 당신은 다른 사람에게서 당신보다 나은 점을 발견할 때 어떻게 반응하는가?

🔊 하나님은 모두에게 장점을 골고루 주셨다. 나 자신만 잘났다고 생각하는 것은 인간을 창조하신 하나님을 무시하는 처사다.

• 우리는 다른 사람의 일도 자기 일처럼 돌볼 수 있는 자상함을 가져야 한다.

🔊 당신은 다른 지체의 일을 당신 일처럼 돌봐준 적이 있는가? 그때 어떤 유익이 있었는가?

> 내가 상대방을 후원하면 상대방도 나를 후원한다. 내가 상대방을 때리면 상대방도 나를 때린다. 내가 상대방을 도우면 상대방도 나를 도울 것이며, 상대방을 욕하면 상대방도 나를 욕할 것이다.
>
> 로저 밥슨 저명한 통계학자

---

5 성도의 삶에서 반드시 버려야 할 것이 무엇인지 베드로전서 2장 1절에서 살펴보자.

"그러므로 모든 악독과 모든 기만과 외식과 시기와 모든 비방하는 말을 버리고."

• 악과 거짓을 버리고, 위선자가 되지 말며, 시기하거나 험담하지 말아야 한다.

🔊 아직 버리지 못할 때 자신에게 문제가 되는 것은 무엇인가?

6 다음 성구들이 주는 교훈을 살펴보고 느낀 점을 말해보라.

1 요한일서 3:18

"자녀들아 우리가 말과 혀로만 사랑하지 말고 행함과 진실함으로 하자."

• 마음의 진실함 없이 말과 혀로만 사랑하는 것을 경계하고 있다.

🔊 행함과 진실함으로 하는 사랑은 어떤 것일까?

2 디모데전서 5:17

"잘 다스리는 장로들은 배나 존경할 자로 알되 말씀과 가르침에 수고하는 이들에게는 더욱 그리할 것이니라."

• 잘 다스리는 자와 가르치는 자에 대한 존경심과 함께 도리를 지켜야 한다.

🔊 당신은 윗사람에 대한 도리와 예의를 잘 지키고 있다고 생각하는가?

3 빌립보서 4:5

"너희 관용을 모든 사람에게 알게 하라 주께서 가까우시니라."

• 관용을 베풀 때 사람의 마음을 얻게 된다. 복음을 전하는 사람이 관용을 베풀지 못하면 복음 전파를 가로막는 결과를 초래한다.
• 말세가 되면 사람들은 자기를 사랑하고 욕심에 매여 살게 되는데 성도들이 베푸는 관용은 빛과 소금의 역할을 하는 데 일조하여 하나님의 영광을 드러내게 된다.

🔊 당신은 사람들을 관대하게 대하는가? 당신은 이웃에게 어떤 평판을 받고 있다고 생각하는가?

7 오늘 공부를 통해 느낀 점과 결단한 것을 말하고 서로를 위해 기도하자.

- **성구 암송**　잠언 15:18, 빌립보서 4:5
- **큐티**　　　창세기 45:1-10
- **독서 과제**　『형제를 위하여 깨어지는 삶』(케파 셈팡기, IVP 역간)
- **생활 과제**　어려운 상황에 있는 지체를 도와주고 느낀 점 써오기
- **성경 읽기**

믿음은 관계 속에서 빛을 발한다. 믿음은 좋은데 관계가 좋지 않다는 말은 성립될 수 없다. 믿음의 사람들은 한결같이 하나님과의 관계뿐 아니라 인간관계도 좋은 사람임을 알 수 있다. 그들은 모든 사람에게 유익을 끼치고 화평케 한다. 약한 자를 위로하고 돕는다. 그리고 아랫사람에게는 관용을 베풀고 윗사람에게는 진실한 마음으로 대하며 그의 다스림에 순종한다. 좋은 인간관계는 하나님과 좋은 관계일 때 진가가 드러난다. 하나님과의 관계가 좋은 사람이 빛과 소금의 역할을 잘 감당할 수 있고, 다른 사람과의 관계에서 하나님의 이름을 높여드릴 수 있기 때문이다.

33과 물질의 청지기

도입

사도 바울은 성도들에게 적은 소유로 만족하기를 힘쓰라고 권면하면서, 부유한 자들에게는 물질을 어떻게 하나님이 기뻐하시는 방향으로 사용할 수 있는지를 부지런히 가르쳤다. 우리는 하나님께 재물을 위탁받은 사람들이다. 우리에게 맡겨진 재물을 잘 관리하여 하나님 앞에 갔을 때 지혜로운 청지기라는 칭찬을 받아야 한다. 이 시간 성경이 가르치는 물질관을 잘 배워 지혜로운 삶을 살아가도록 하자.

적용

1 마가복음 10장 17-25절을 통해 재물에 대해 공부하도록 하자.

"¹⁷예수께서 길에 나가실새 한 사람이 달려와서 꿇어 앉아 묻자오되 선한 선생님이여 내가 무엇을 하여야 영생을 얻으리이까 ¹⁸예수께서 이르시되 네가 어찌하여 나를 선하다 일컫느냐 하나님 한 분 외에는 선한 이가 없느니라 ¹⁹네가 계명을 아나니 살인하지 말라, 간음하지 말라, 도둑질하지 말라, 거짓 증언 하지 말라, 속여 빼앗지 말라, 네 부모를 공경하라 하였느니라 [20]그가 여짜오되 선생님이여 이것은 내가 어려서부터 다 지켰나이다 [21]예수께서 그를 보시고 사랑하사 이르시되 네게 아직도 한 가지 부족한 것이 있으니 가서 네게 있는 것을 다 팔아 가난한 자들에게 주라 그리하면 하늘에서 보화가 네게 있으리라 그리고 와서 나를 따르라 하시니 [22]그 사람은 재물이 많은 고로 이 말씀으로 인하여 슬픈 기색을 띠고 근심하며 가니라 [23]예수께서 둘러 보시고 제자들에게 이르시되 재물이 있는 자는 하나님의 나라에 들어가기가 심히 어렵도다 하시니 [24]제자들이 그 말씀에 놀라는지라 예수께서 다시 대답하여 이르시되 얘들아 하나님의 나라에 들어가기가 얼마나 어려운지 [25]낙타가 바늘귀로 나가는 것이 부자가 하나님의 나라에 들어가는 것보다 쉬우니라 하시니."

1 내용을 알기 쉽게 정리해보라.

2 부자 청년은 어떤 사람이었는가?

• 그는 거의 성인에 가까울 정도로 도덕적인 사람이었고, 계명도 잘 지켰다.

🔊 19절에서 청년이 고백하는 것처럼 계명을 잘 지켰다고 자신있게 말할 수 있는 사람이 얼마나 되겠는가?

3 부자 청년이 근심하며 예수님을 떠나간 이유는 무엇인가?

• 재물을 사랑했기 때문이다.

4 재물 때문에 하나님을 떠난 부자 청년을 보며 무엇을 배울 수 있는가?

• 삶의 다른 부분에서 아무리 완벽할지라도 물질을 사랑하면 하나님과의 관계에서 떠날 수 있음을 깨닫게 된다.

🔊 재물 때문에 하나님께 나아가는 데 걸림돌이 된 적이 있으면 말해보라.

5 부자 청년이 얻은 것과 잃은 것에 대해 나누어보라.

• 재물은 얻었지만 영생을 잃었다.

6 부자 청년을 통해 깨달은 진리를 마태복음 6장 24절에서 살펴보자.

"한 사람이 두 주인을 섬기지 못할 것이니 혹 이를 미워하고 저를 사랑하거나 혹 이를 중히 여기고 저를 경히 여김이라 너희가 하나님과 재물을 겸하여 섬기지 못하느니라."

• 재물의 산을 넘지 못하면 하나님을 섬길 수 없다.
• 재물의 힘은 하나님과 비교될 만큼 사람의 마음을 빼앗는다.

🔊 당신은 정말로 하나님을 섬기는 사람이라고 자신 있게 말할 수 있는가? 그 증거는 무엇인가?

7 예수님이 부자 청년을 보시며 결론적으로 하신 25절 말씀에서 느낀 점을 말해보라.

• 예수님은 팔레스타인 격언을 언급하시며 물질의 힘이 얼마나 큰지를 말씀하셨다.
• 물질에 대한 집착은 우리 영혼을 세상에 얽어매어 천국을 아예 생각조차 못하게 만든다.

2 재물의 특성에 대해 다음 성구들에서 살펴보자.

1 에스겔 28:5

"네 큰 지혜와 네 무역으로 재물을 더하고 그 재물로 말미암아 네 마음이 교만하였도다."

• 재물이 많으면 사람은 교만에 빠지기 쉽다.

🔊 당신에게 재물로 사람을 판단하고 무시하는 경향은 없는지 말해보라.

2 잠언 23:5

"네가 어찌 허무한 것에 주목하겠느냐 정녕히 재물은 스스로 날개를 내어 하늘을 나는 독수리처럼 날아가리라."

- 우리는 재물을 영원히 소유할 수 없다. 많은 재물도 한순간에 날아갈 수 있다.

🔊 재물에는 날개가 달려 있다고 한다. 이 말씀이 실감나는 경험을 해본 적이 있다면 나누어보라.

3 누가복음 8:14

"가시떨기에 떨어졌다는 것은 말씀을 들은 자이나 지내는 중 이생의 염려와 재물과 향락에 기운이 막혀 온전히 결실하지 못하는 자요."

- 재물에 욕심을 내면 말씀을 들어도 결실하지 못한다.
- 재물의 욕심은 살아계신 하나님의 사랑을 경험할 수 없게 만든다.

🔊 영적 성장이 더디다면 그 이유가 재물에 대한 욕심 때문은 아닌지 살펴보자.

3 재물에 대해 어떤 태도를 가져야 하는지 다음 성구들에서 살펴보자.

1 시편 62:10

"포악을 의지하지 말며 탈취한 것으로 허망하여지지 말며 재물이 늘어도 거기에 마음을 두지 말지어다."

- 재물이 늘어도 마음을 빼앗기지 말라는 경고의 메시지다.

🔊 재물에 마음을 빼앗겨 하나님을 멀리하거나 불평한 적이 있으면 말해보라.

2 빌립보서 4:19

"나의 하나님이 그리스도 예수 안에서 영광 가운데 그 풍성한 대로 너희 모든 쓸 것을 채우시리라."

- 재물의 힘을 하나님보다 더 의지한 경험이 있으면 말해보라.
- 공급자이신 하나님이 모든 필요를 풍성하게 채우신다는 말씀에서 느낀 점을 말해보라.

4 디모데전서 6장 17-19절이 주는 교훈을 살펴보라.

"¹⁷네가 이 세대에서 부한 자들을 명하여 마음을 높이지 말고 정함이 없는 재물에 소망을 두지 말고 오직 우리에게 모든 것을 후히 주사 누리게 하시는 하나님께 두며 ¹⁸선을 행하고 선한 사업을 많이 하고 나누어 주기를 좋아하며 너그러운 자가 되게 하라 ¹⁹이것이 장래에 자기를 위하여 좋은 터를 쌓아 참된 생명을 취하는 것이니라."

1 내용을 알기 쉽게 정리해보라.

이 세상 부자들에게 교만하지 말고, 돈을 의지하지 말며, 하나님께 소망을 두라고 가르치라. 하나님은 우리의 모든 필요를 공급하시며 누리게 하시는 분이다. 선한 일을 하고 베푸는 가운데 부유함을 누리도록 가르치라. 나눠주고 베풀 때 참 기쁨을 맛볼 것이고 하늘 창고에 보물을 쌓게 되며, 이것이 미래의 든든한 터가 되고 참 생명을 얻게 해줄 것이다.

2 우리가 재물에 대해 취해야 할 네 가지 자세를 말해보라(17-18절).

① 재물이 있어도 겸손하라.
② 재물을 의지하지 마라.
③ 하나님께만 소망을 두고 신뢰하라.
④ 재물을 잘 사용하라(선한 사업과 구제).

3 19절이 의미하는 바를 말해보라.

- 재물을 잘 사용하는 것은 영원한 저축으로 영원한 부자가 되는 길이다.

🔊 당신은 지금까지 재물을 가지고 선한 일을 하는 데 많이 사용했다고 말할 수 있는가?

- 하나님께 드리는 헌금 그리고 섬김과 구제를 위해 쓰는 것은 재물을 선하게 사용하는 것이다.

5 재물을 잘 사용하면 어떤 결과가 있는지 마태복음 6장 20절에서 살펴보자.

"오직 너희를 위하여 보물을 하늘에 쌓아 두라 거기는 좀이나 동록이 해하지 못하며 도둑이 구멍을 뚫지도 못하고 도둑질도 못하느니라."

- 영원한 부자가 된다.

🔊 당신의 재물이 하늘 은행에 저축되었을 것으로 확신하는 가장 큰 이유는 무엇인가?

> 돈은 하늘로부터 내려오는 선물로서, 돈을 소유함과 동시에 큰 책임이 수반된다. 돈을 가장 유익하게, 도리에 맞게 사용하는 것은 그것을 얻는 것보다 어렵다.
>
> 우찌무라 간조 일본의 신학자

6 말라기 3장 8–10절이 주는 교훈을 살펴보자.

"⁸사람이 어찌 하나님의 것을 도둑질하겠느냐 그러나 너희는 나의 것을 도둑질하고도 말하기를 우리가 어떻게 주의 것을 도둑질하였나이까 하는도다 이는 곧 십일조와 봉헌물이라 ⁹너희 곧 온 나라가 나의 것을 도둑질하였으므로 너희가 저주를 받았느니라

¹⁰만군의 여호와가 이르노라 너희의 온전한 십일조를 창고에 들여 나의 집에 양식이 있게 하고 그것으로 나를 시험하여 내가 하늘 문을 열고 너희에게 복을 쌓을 곳이 없도록 붓지 아니하나 보라."

1 내용을 알기 쉽게 정리해보라.

2 하나님이 온전한 십일조와 헌물을 요구하시는 이유가 무엇이라고 생각하는가?(10절)

- 십일조를 통해 하늘 문을 열고 쌓을 곳이 없을 정도로 복을 부어주시기 위함이다.
- 십일조는 물질의 복을 받는 통로다.

3 십일조에 대해 무관심하거나 십일조를 실천하지 않는다면 어떤 물질관을 가졌다고 해야 하겠는가?

- 이는 하나님이 재물의 공급자이심을 인정하지 않는 것으로, 하나님께 간섭하지 말라고 하는 것과 같다. 이렇게 표현할 수 있다. "재물 문제는 제가 알아서 합니다. 하나님은 공급해주시지 않아도 됩니다. 제 힘으로 할 겁니다."
- 이는 하나님 말씀을 불신하는 것으로 곧 하나님에 대한 불신이다.

4 하나님은 십일조에 대해 왜 도둑질이라는 표현을 사용하셨다고 생각하는가?

- 우리 소유의 십분의 일은 하나님의 것이라는 사실을 분명히 하시는 것이다.
- 남의 소유를 도둑질하는 것에 대해 어떻게 생각하는가? 하물며 하나님의 소유를 도둑질하는 것은 어떻게 생각하는가?
- 십일조를 통해 하나님이 공급자이심을 강력하게 표현하시는 것이다.

🔊 당신은 온전한 십일조를 드리고 있는가?

5 사람은 하나님을 시험할 수 없다. 그러나 하나님이 십일조에 대해서만은 시험하라고 하신 이유가 무엇이라고 생각하는가?

- 성경 전체에서 유일하게 하나님을 시험하라고 하신 구절이다.
- 하나님의 명령에 순종했을 때 약속하신 축복을 누릴 수 있음을 확인해보라는 것이다.
- 하나님은 사람이 자기 물질을 내어놓는 것을 얼마나 힘들어하는지 아시기 때문에 그것이 반드시 이루어질 확실한 약속임을 힘주어 강조하신 것이다.

6 십일조 공부를 통해 경험한 것과 느낀 점을 나누어보라.

> 십일조 그리고 시간에서 하나님의 몫을 하나님께 돌려드려라. 십일조를 훔치면 우리의 전 재산이 부패하게 된다.
> G. 허버트 영국의 시인

7 오늘 공부를 통해 결단한 것을 말하고 합심해서 기도하자.

- **성구 암송** 고린도후서 9:7, 빌립보서 4:19
- **큐티** 누가복음 12:13-21
- **독서 과제** 『헌금의 기쁨』(앤디 스탠리, 사랑 플러스 역간)
- **생활 과제** 한 주간 동안 선한 일에 재물을 사용한 실례 적어오기
- **성경 읽기**

쇼펜하우어는 재물에 대해 "그것은 바닷물과 같아서 마시면 마실수록 목이 더 마르다"고 했다. 재물은 필요하지만 사람의 마음을 굳게 한다. 재물에 미혹되지 않는 사람은 지혜로운 사람이다. 재물은 타락할 것 같지 않은 사람도 타락시키는 힘이 있는 반면, 그것을 잘 사용하면 큰 유익이 된다. 하나님은 재물 자체보다는 그것을 어떻게 사용하느냐에 관심을 가지고 계시다. 재물을 잘 사용하면 매우 큰 열매를 맺을 수 있다. 영혼을 구원하는 데에도, 가난한 사람들에게도 유익을 끼칠 수 있기 때문이다. 재물에 대해 열린 마음을 가지고 잘 사용하면 하늘나라에 상급을 쌓는 영원한 부자가 될 수 있음을 명심해야 한다.

34과

시간의 청지기

도입

시간 관리를 잘한다는 것은 자신의 삶을 잘 관리한다는 말이다. 시간은 하나님이 주시는 삶의 밑천이다. 하루 스물네 시간은 하나님의 선물로서 모든 사람에게 똑같이 나누어주셨다. 시간은 소모될 뿐이지 저축할 수 없다. 그러므로 주어진 시간을 하나님 뜻에 맞게 사는 것이 시간을 가장 잘 사용하는 길이다. 우리가 시간을 관리하는 데 문제점은 없는지 하나님 말씀을 통해 살펴보도록 하자.

적용

1 시간은 하나님께 받은 24달란트라고 할 수 있다. 마태복음 25장 14-30절에서 우리에게 주시는 교훈을 살펴보자.

"[14]또 어떤 사람이 타국에 갈 때 그 종들을 불러 자기 소유를 맡김과 같으니 [15]각각 그 재능대로 한 사람에게는 금 다섯 달란트를, 한 사람에게는 두 달란트를, 한 사람에게는 한 달란트를 주고 떠났더니 [16]다섯 달란트 받은 자는 바로 가서 그것으로 장사하여 또 다섯 달란트를 남기고 ¹⁷두 달란트 받은 자도 그같이 하여 또 두 달란트를 남겼으되 ¹⁸한 달란트 받은 자는 가서 땅을 파고 그 주인의 돈을 감추어 두었더니 ¹⁹오랜 후에 그 종들의 주인이 돌아와 그들과 결산할새 ²⁰다섯 달란트 받았던 자는 다섯 달란트를 더 가지고 와서 이르되 주인이여 내게 다섯 달란트를 주셨는데 보소서 내가 또 다섯 달란트를 남겼나이다 ²¹그 주인이 이르되 잘하였도다 착하고 충성된 종아 네가 적은 일에 충성하였으매 내가 많은 것을 네게 맡기리니 네 주인의 즐거움에 참여할지어다 하고 ²²두 달란트 받았던 자도 와서 이르되 주인이여 내게 두 달란트를 주셨는데 보소서 내가 또 두 달란트를 남겼나이다 ²³그 주인이 이르되 잘하였도다 착하고 충성된 종아 네가 적은 일에 충성하였으매 내가 많은 것을 네게 맡기리니 네 주인의 즐거움에 참여할지어다 하고 ²⁴한 달란트 받았던 자는 와서 이르되 주인이여 당신은 굳은 사람이라 심지 않은 데서 거두고 헤치지 않은 데서 모으는 줄을 내가 알았으므로 ²⁵두려워하여 나가서 당신의 달란트를 땅에 감추어 두었나이다 보소서 당신의 것을 가지셨나이다 ²⁶그 주인이 대답하여 이르되 악하고 게으른 종아 나는 심지 않은 데서 거두고 헤치지 않은 데서 모으는 줄로 네가 알았느냐 ²⁷그러면 네가 마땅히 내 돈을 취리하는 자들에게나 맡겼다가 내가 돌아와서 내 원금과 이자를 받게 하였을 것이니라 하고 ²⁸그에게서 그 한 달란트를 빼앗아 열 달란트 가진 자에게 주라 ²⁹무릇 있는 자는 받아 풍족하게 되고 없는 자는 그 있는 것까지 빼앗기리라 ³⁰이 무익한 종을 바깥 어두운 데로 내쫓으라 거기서 슬피 울며 이를 갈리라 하니라."

1 내용을 알기 쉽게 정리해보라.

2 주인이 종들에게 달란트를 준 목적이 무엇이라고 생각하는가?(16-17절)
- 장사하여 달란트(이익)를 남기는 것이 주인의 뜻이다.
- 우리는 하나님이 주신 재능, 재물, 시간을 잘 사용해서 이익을 남겨야 한다.

3 다섯 달란트와 두 달란트 받은 자가 결산 때 어떤 기쁨을 맛보았는가?(21-23절)
- 착하고 충성된 종이라는 칭찬을 받음(종은 주인의 기쁨이 됨)
- 더 많은 것을 맡음(주인의 신뢰를 받음)
- 주인의 즐거움에 참여하는 기쁨을 얻음(종이 주인의 즐거움에 참여함)

4 한 달란트 받은 자가 잊고 있었던 것은 무엇인가?

- 결산의 시간
- 주인이 이익을 기대하고 있다는 사실
- 주어진 시간을 주인을 위해 사용해야 한다는 것(그는 달란트를 땅에 묻고 시간을 허비함)

5 결산의 시간이 있다는 사실에서 깨닫는 진리는 무엇인가?

- 결산의 시간에는 어떤 핑계도 소용이 없다.
- 반드시 결산을 준비해야 한다.

6 당신은 하나님이 맡겨주신 시간을 어떻게 관리하고 있는가?

🔊 시간 관리를 잘하지 못하고 있다면 그 이유는 무엇인가?

- 게으름, 불순종, 무분별한 교제, 잘못된 취미생활 등

🔊 시간 관리를 효과적으로 하기 위한 방법을 생각해보라.

2 시간이 중요한 이유를 시편 89편 47절에서 알아보자.

"나의 때가 얼마나 짧은지 기억하소서 주께서 모든 사람을 어찌 그리 허무하게 창조하셨는지요."

- 우리에게 주어진 시간은 너무 짧다. 그 짧은 시간에 주님 앞에 설 날을 준비해야 한다.
- 하나님을 외면하고 사는 자의 삶은 허무하다고 말씀하고 있다.

🔊 사람이 85세를 산다고 가정하면 31,025일을 산다. 지금 나이가 40세라면 16,425일이 남은 것이다. 자신에게 남은 날을 계수하고 시간 관리를 어떻게 할 것인지 말해보라.

3 누가복음 12장 16-21절에 기록된 한 부자를 중심으로 시간 관리를 점검해보자.

"¹⁶또 비유로 그들에게 말하여 이르시되 한 부자가 그 밭에 소출이 풍성하매 ¹⁷심중에 생각하여 이르되 내가 곡식 쌓아 둘 곳이 없으니 어찌할까 하고 ¹⁸또 이르되 내가 이렇게 하리라 내 곳간을 헐고 더 크게 짓고 내 모든 곡식과 물건을 거기 쌓아 두리라 ¹⁹또 내가 내 영혼에게 이르되 영혼아 여러 해 쓸 물건을 많이 쌓아 두었으니 평안히 쉬고 먹고 마시고 즐거워하자 하리라 하되 ²⁰하나님은 이르시되 어리석은 자여 오늘 밤에 네 영혼을 도로 찾으리니 그러면 네 준비한 것이 누구의 것이 되겠느냐 하셨으니 ²¹자기를 위하여 재물을 쌓아 두고 하나님께 대하여 부요하지 못한 자가 이와 같으니라."

1 내용을 알기 쉽게 정리해보라.

2 부자가 착각한 것은 무엇인가?(19절)
- 많은 소출이 자기 영혼의 즐거움과 평안까지 보장해줄 것으로 생각했다.
- 물질이 많으면 인생의 모든 문제가 해결될 것이라 착각했다.
- 자기에게 시간이 마냥 있을 줄 알았다.

3 부자가 자신에게 주어진 시간으로 가장 소홀하게 다룬 것은 무엇인가?
- 부자는 자신의 생명을 소유하신 분인 하나님과의 관계에는 전혀 마음을 쓰지 않았다(오직 소출에만 관심을 가졌다).
- 부자는 영혼의 중요성에 대해 무관심했다.
- 부자는 하나님이 자기 생명의 주인이심을 몰랐다(물질이면 다 되는 줄 알았다).

4 이 본문을 통해 결론적으로 깨달은 진리는 무엇인가?
- 하나님이 주신 시간 동안 하나님께 부요한 자로 살아야 한다.
- 오늘이 나에게 주어진 마지막 시간일 수도 있다. 오늘 하나님이 원하시는 일을 실천하자.

🔊 하나님께 대해 부요한 자가 되기 위해 노력하고 있는 것이 있다면 무엇인가?

4 시간을 어떻게 사용해야 하는지 다음 성구들에서 살펴보자.

1 에베소서 5:16-17

"¹⁶세월을 아끼라 때가 악하니라 ¹⁷그러므로 어리석은 자가 되지 말고 오직 주의 뜻이 무엇인가 이해하라."

- 때가 악한 것과 시간은 어떤 관계가 있는지 말해보라.
  - 때가 악하다는 것은 주님이 오실 날이 가까워오고 있다는 것이다. 그러므로 시간을 아껴서 선용해야 한다.

- 당신은 시간을 선용하기 위해 어떤 노력을 하고 있는가?
- 시간을 잘 사용하고 있다고 자신 있게 말할 수 없다면 어느 부분을 고쳐야 할지 말해보라.
  - 악한 때일수록 분별력과 지혜가 더욱 필요하다. 어리석은 자가 되지 말고 주님의 뜻을 잘 분별해야 한다.

2 데살로니가전서 5:16-18

"¹⁶항상 기뻐하라 ¹⁷쉬지 말고 기도하라 ¹⁸범사에 감사하라 이것이 그리스도 예수 안에서 너희를 향하신 하나님의 뜻이니라."

- 항상 기쁨으로 살고, 쉬지 않고 기도하며(항상 하나님과 교제하는 삶), 모든 일에 감사하고 살면 하나님이 주신 시간을 잘 사용할 수 있다.

- 당신은 하나님이 주신 시간으로 하나님의 뜻을 잘 행하며 살고 있다고 생각하는가?

3 디모데후서 4:1-2

"¹하나님 앞과 살아 있는 자와 죽은 자를 심판하실 그리스도 예수 앞에서 그가 나타나실 것과 그의 나라를 두고 엄히 명하노니 ²너는 말씀을 전파하라 때를 얻든지 못 얻든지 항상 힘쓰라 범사에 오래 참음과 가르침으로 경책하며 경계하며 권하라."

- 우리가 언제나 해야 할 일은 전도(복음 전파)다.
- 전도는 살아계신 하나님과 심판자이신 예수님의 가장 중요한 명령으로, 성도는 전도를 생활화해야 한다고 말씀하신 것이다.

🔊 성도는 항상 긍정적인 삶(기뻐하는 삶, 감사하는 삶)을 살고, 하나님과 교제하는 기도의 삶을 살아야 한다. 또한 영혼에 대한 사랑을 가지고 전도를 생활화해야 한다. 이 가운데 당신에게 가장 문제가 되는 것은 무엇이며, 이 명령에 어떻게 순종할 수 있겠는가?

> 잃어버린 시간은 돌아오지 않음을 기억하라.   토마스 아 켐피스

5 오늘 공부를 통해 결단한 것을 말하고 각자 깨달은 말씀을 가지고 기도하자.

- **성구 암송** 갈라디아서 6:9, 에베소서 5:15-16
- **큐티** 전도서 3:1-8, 17
- **독서 과제** 『늘 급한 일로 쫓기는 삶』(찰스 험멜, IVP 역간)
- **생활 과제** 한 주간 동안 시간을 잘 사용하기 위해 노력한 실례 적어오기(주간 일과표 작성하기)
- **성경 읽기**

성경에 나오는 달란트 비유를 보면 세 사람에게 각기 다른 달란트가 주어졌다. 하나님은 이처럼 모든 사람에게 각기 다른 시간의 달란트를 주셨다. 어떤 사람은 80년을, 또 어떤 사람은 50년을, 또 다른 사람은 그보다 작은 시간의 달란트를 받고 일생을 산다. 양(연수)이 많다고 결코 삶을 잘 살았다고 말할 수 없다. 주어진 시간을 가지고 얼마나 충성되게 살았느냐 하는가가 중요하다. 아무리 열심히 살았을지라도 삶의 우선순위를 뒤바꾸어 살았다면 그 역시 시간을 잘못 사용한 사람이다.

35과

영적 성숙

도입

어린아이가 자라는 것을 볼 때 부모는 흐뭇하다. 마찬가지로 그리스도인이 날이 갈수록 성장하고 성숙해갈 때 하나님도 흐뭇하실 것이다. 성장이 멈추었다는 것은 심각한 문제가 있다는 말이다. 영적 나이는 아이인데 겉모양은 팔십 노인처럼 행동하는 경우도 있고, 신앙의 연수는 수십 년이 되었는데도 여전히 어린아이 상태로 있는 경우도 있다. 우리는 정상적인 성장을 거듭해 성숙한 그리스도인으로 자라야 한다.

적용

1 고린도후서 12장 20절에서는 바울이 고린도 교회를 세 번째 방문하기에 앞서 그 교회의 문제를 염려하고 있다. 고린도 교회의 사역을 방해하는 것들을 살펴보고 자신의 모습과 비교해보자.

"내가 갈 때에 너희를 내가 원하는 것과 같이 보지 못하고 또 내가 너희에게 너희가 원하지 않는 것과 같이 보일까 두려워하며 또 다툼과 시기와 분냄과 당 짓는 것과 비방과 수군거림과 거만함과 혼란이 있을까 두려워하고."

1 내용을 알기 쉽게 정리해보라.

2 고린도 교회에 대해 아는 대로 말해보라.

- 고린도는 상업과 무역이 번창한 그리스의 항구 도시로, B. C. 46년에 율리우스 시저가 재건한 후 로마인들이 이주하여 살았다. 도시 중앙에는 아폴로 신전을 비롯한 12개의 신전이 있었고, 1천 명 가까운 매춘부가 상주하면서 성적으로 문란한 도시가 되었다. 바울은 2차 전도여행 때 1년 반 동안 이곳에 머물면서 전도하여 고린도 교회를 세웠는데 은사적인 면에서 특출했다.

3 고린도 교회에 나타난 여덟 가지 악덕에 대해 말해보라.

- 다툼: 자기 주장을 관철하기 위한 욕심에서 비롯된다.
- 시기: 다른 사람의 우월함이나 잘되는 것을 미워하는 것이다.
- 분냄: 마음의 노여움을 밖으로 표현하여 다툼을 일으킨다.
- 당 짓기: 자신의 세력을 확장하므로 교회를 분열시키는 원인이 된다.
- 비방: 뒤에서 악담하는 것
- 수군거림: 비방과 함께 당을 짓는 원인이 된다.
- 거만함: 자기 생각만 옳다고 여기는 것
- 혼란: 교회 질서를 어기고 악한 행동을 하는 것

4 위의 내용 가운데 자신에게 해당되는 문제는 무엇인지 말해보라.

- 당신에게 있는 그 문제들이 교회에 어떤 영향을 미친다고 생각하는가?
- 그렇다면 그 상황에서 어떻게 하면 교회에 유익을 줄 수 있다고 생각하는가?

2 바울이 고린도 교회에 대하여 어떤 진단을 하고 있는지 고린도전서 3장 1–3절에서 살펴보자.

"¹형제들아 내가 신령한 자들을 대함과 같이 너희에게 말할 수 없어서 육신에 속한 자 곧 그리스도 안에서 어린 아이들을 대함과 같이 하노라 ²내가 너희를 젖으로 먹이고 밥으로 아니하였노니 이는 너희가 감당하지 못하였음이거니와 지금도 못하리라 ³너희는 아직도 육신에 속한 자로다 너희 가운데 시기와 분쟁이 있으니 어찌 육신에 속하여 사람을 따라 행함이 아니리요."

1 내용을 알기 쉽게 정리해보라.

2 바울은 고린도 교인들을 육신에 속한 자라고 말하고 있다. 그 의미는 무엇인가?
- 거듭났지만 장성한 신앙이 아닌 영적으로 어린아이와 같은 신앙을 가진 자라는 뜻이다.
- 거듭나기는 했지만 육적인 일에 관심이 더 많아 영적인 일에 무관심한 자를 의미한다.

3 육신에 속한 자이기에 젖으로 먹인다고 한 이유는 무엇인가?
- 영적으로 성인이 되기 전에는 초보적인 진리인 젖을 먹일 수밖에 없다.
- 고린도 교회 성도들은 그리스도를 믿고 구원받은 것만으로 만족하는 수준에 지나지 않았기 때문이다.

4 육신에 속한 자는 어떤 모습을 보이게 되는가?(3절)
- 시기와 분쟁이 있는 것이 그 증거다.
- 영적 어린아이는 대수롭지 않은 일로 다투고 시기한다.
- 영적 어린아이는 생산적인 일을 할 수 없다.

5 어린아이와 영적 어린아이의 특징을 비교해보면서 자신의 모습은 어떤지 살펴보라.
- 자기중심적임, 요구 조건이 많음, 생각 없이 말함, 선악의 분별력이 없음, 시기심이 많음.

- 마음이 약함. 일을 맡기면 그르침. 일을 시키면 힘들어하거나 불평함. 감정 조절이 어려움

🔊 당신에게 나타나는 영적 어린아이 모습에는 어떤 것이 있는가?

3 히브리서 5장 13-14절이 주는 교훈을 살펴보자.

"¹³이는 젖을 먹는 자마다 어린 아이니 의의 말씀을 경험하지 못한 자요 ¹⁴단단한 음식은 장성한 자의 것이니 그들은 지각을 사용함으로 연단을 받아 선악을 분별하는 자들이니라."

1 영적 어린아이는 어떤 상태인가?

- 하나님 말씀을 경험하지 못한 상태다.

2 영적 어린아이 상태를 벗어나기 위해 어떻게 해야 하는가?

- 하나님 말씀에 순종하여 그 말씀을 경험하도록 해야 한다.
- 하나님 말씀에 순종하지 않으면 장성한 자로 성장할 수 없다.

3 장성한 자의 특징은 무엇인가?

- 하나님 말씀을 경험하므로 선악을 분별한다.

🔊 자신에게 장성한 자의 특징이 있는지 찾아보라.

4 에베소서 4장 14-15절이 말씀하는 어린아이의 특징과 우리가 구해야 할 자세에 대해 말해보자.

"¹⁴이는 우리가 이제부터 어린 아이가 되지 아니하여 사람의 속임수와 간사한 유혹에 빠져 온갖 교훈의 풍조에 밀려 요동하지 않게 하려 함이라 ¹⁵오직 사랑 안에서 참된 것을 하여 범사에 그에게까지 자랄지라 그는 머리니 곧 그리스도라."

- 어린아이의 특징: 사람의 속임수와 간사한 유혹에 빠진다.

- 우리가 추구해야 할 자세: 머리 되신 그리스도를 본받아 모든 면에서 성장하기를 원해야 한다.

🔊 당신은 영적 성장에 대한 간절함이 있는가?
🔊 영적으로 성장하기 위해 어떤 노력을 기울이고 있는가?

5 영적으로 성장하기 위해 필요한 것은 무엇인가?

1 디모데후서 1:5

"이는 네 속에 거짓이 없는 믿음이 있음을 생각함이라 이 믿음은 먼저 네 외조모 로이스와 네 어머니 유니게 속에 있더니 네 속에도 있는 줄을 확신하노라."

- 디모데의 건강한 믿음은 어머니 유니게와 외조모 로이스의 영향 때문이다.
- 어려서부터 가정에서 바른 신앙 교육을 받으면 그 영향이 평생 지속된다(예: 모세).

🔊 당신은 부모로서 자녀에게 신앙적으로 모범을 보이며 좋은 부모 역할을 잘 감당하고 있는가?
🔊 바른 신앙교육을 위해 실천해야 할 것은 무엇인지 말해보라.

2 데살로니가전서 2:7-8

"⁷우리는 그리스도의 사도로서 마땅히 권위를 주장할 수 있으나 도리어 너희 가운데서 유순한 자가 되어 유모가 자기 자녀를 기름과 같이 하였으니 ⁸우리가 이같이 너희를 사모하여 하나님의 복음뿐 아니라 우리의 목숨까지도 너희에게 주기를 기뻐함은 너희가 우리의 사랑하는 자 됨이라."

- 바울은 부모가 자녀를 돌보는 어머니의 심정으로 양육하는 일에 힘썼다.
- 바울은 그들을 사랑했기에 말씀을 기쁨으로 전했을 뿐 아니라 생명까지 내어줄 수 있었다.
- 교역자의 역할은 대단히 중요하다.

🔊 교역자의 중요성에 대해 자신의 생각을 말해보라.
🔊 교역자에게서 바른 신앙교육을 받은 것에 대해 감사하는 마음이 있는가?

3 빌립보서 3:13-14

"¹³형제들아 나는 아직 내가 잡은 줄로 여기지 아니하고 오직 한 일 즉 뒤에 있는 것은 잊어버리고 앞에 있는 것을 잡으려고 ¹⁴푯대를 향하여 그리스도 예수 안에서 하나님이 위에서 부르신 부름의 상을 위하여 달려가노라."

- 신앙생활에서 잡은 줄로 여기지 않는 자세는 언제나 겸손함을 유지하는 것을 말한다.
- 앞의 것을 잡으려는 자세는 과거에 사로잡히지 않고 항상 새로운 마음으로 힘껏 달려가는 자세를 말한다.
- 푯대를 향하여 하나님이 위에서 부르신 부름의 상을 위해 달려가야 한다. 이는 한눈팔지 말고 하나님이 그리스도를 통해 주시는 상급에 대한 기대감을 가져야 한다는 의미다.

🔊 위의 세 가지 자세를 하나씩 살펴보며 자신에게 해결해야 할 문제가 있다면 무엇인지 나누어보라.

6 오늘 공부를 통해 느낀 점과 결단한 것을 나누어보라.

- ■ 성구 암송　로마서 4:20, 빌립보서 3:12
- ■ 큐티　　　 에베소서 4:13-16
- ■ 독서 과제　『예수라면 어떻게 할 것인가』(찰스 M. 쉘돈, 예찬사 역간)
- ■ 생활 과제　한 주간 동안 하나님을 기쁘시게 해드린 일 적어오기
- ■ 성경 읽기

참으로 성숙한 사람은 계속 배우고 성장을 위해 끊임없이 노력하는 사람이다. 자기는 이미 온전히 성숙했다고 생각하는 사람처럼 위험한 사람은 없다. 그리스도인이라면 누구나 성숙을 위해 경주해야 한다. 미성숙한 사람은 언제나 자기 잘못을 남의 탓으로 돌리지만, 성숙한 사람은 자기가 알고 있는 바를 겸손하게 행하고, 자신의 부족함을 솔직하게 인정하며, 하나님이 보여주신 목표를 향해 끊임없이 달려간다. 성숙한 사람이 풍성한 열매를 맛볼 수 있다.

36과

영적 전투

도입

육적인 사람은 사물이나 시간을 논할 때 육적인 것으로만 해석한다. 세상의 이치와 이론 그리고 경험을 가지고 논하려 한다. 그러나 더 중요한 것은 이 세상은 눈에 보이는 세계가 전부가 아니라 눈에 보이지 않는 영적 세계와 영적 싸움이 있다는 사실이다. 영적 전투가 무엇인지 모르면 우리는 언제나 마귀의 노리개가 될 수밖에 없다.

적용

1 다음 성구들에서 마귀의 활동에 대해 살펴보자.

1 마태복음 13:19

"아무나 천국 말씀을 듣고 깨닫지 못할 때는 악한 자가 와서 그 마음에 뿌려진 것을 빼앗나니 이는 곧 길 가에 뿌려진 자요."

- 악한 자는 "사탄"(막 4:15), 혹은 "마귀"(눅 8:12)를 가리킨다.
- 악한 자는 말씀이 뿌리내려 열매 맺지 못하도록 사람의 마음을 주장하여 혼란에 빠뜨린다.

🔊 하나님 말씀을 들었음에도 열매 맺지 못하는 이유는 무엇이라고 생각하는가?
- 의심, 염려, 과거의 경험, 지식, 세상 분위기, 상황, 욕심, 인간관계, 전통, 취미 등

2 에베소서 2:2

"그 때에 너희는 그 가운데서 행하여 이 세상 풍조를 따르고 공중의 권세 잡은 자를 따랐으니 곧 지금 불순종의 아들들 가운데서 역사하는 영이라."

- 세상 풍조는 하나님의 뜻을 거역하고 대적하는 것을 총칭하는 말이다.
- 공중권세 잡은 자란 마귀를 가리키는 유대적인 표현이다.
- 마귀는 불순종하는 자(하나님을 대항하는 자)의 마음속에서 활동한다.
- 악한 영은 언제나 불순종하는 마음속에서 활동한다.

🔊 최근에 하나님께 불순종한 것이 있으면 말해보라. 그 불순종의 원인이 무엇이라고 생각하는가?

3 베드로전서 5:8

"근신하라 깨어라 너희 대적 마귀가 우는 사자 같이 두루 다니며 삼킬 자를 찾나니."

- 마귀를 우는 사자에 비유하고 있다.

🔊 우는 사자의 특징을 말해보라.
- 포악함, 공격적임, 강한 힘, 기동력 등

🔊 마귀가 우리를 공격할 기회를 엿볼 때 어떤 자세로 임해야 하는가?
- 마음을 강하게 하고, 욕망과 염려, 감정의 조절을 위해 성령의 도우심을 구해야 한다.
- 육신의 안일을 추구하지 말고, 경계를 게을리 말아야 한다.

🔊 실제로 마귀가 공격해 올 때 당신은 어떻게 대처하는가?

4 고린도후서 11:14

"이것은 이상한 일이 아니니라 사탄도 자기를 광명의 천사로 가장하나니."

- 사탄은 위장의 명수다. 천사처럼 나타나 유혹한다.

🔊 천사처럼 가장한 달콤한 것에 유혹당한 경험이 있으면 말해보라.

2 마귀가 공격하는 대상은 제한이 없다. 마태복음 4장 1-11절에서 우리에게 주시는 교훈을 살펴보자.

"¹그 때에 예수께서 성령에게 이끌리어 마귀에게 시험을 받으러 광야로 가사 ²사십 일을 밤낮으로 금식하신 후에 주리신지라 ³시험하는 자가 예수께 나아와서 이르되 네가 만일 하나님의 아들이어든 명하여 이 돌들로 떡덩이가 되게 하라 ⁴예수께서 대답하여 이르시되 기록되었으되 사람이 떡으로만 살 것이 아니요 하나님의 입으로부터 나오는 모든 말씀으로 살 것이라 하였느니라 하시니 ⁵이에 마귀가 예수를 거룩한 성으로 데려다가 성전 꼭대기에 세우고 ⁶이르되 네가 만일 하나님의 아들이어든 뛰어내리라 기록되었으되 그가 너를 위하여 그의 사자들을 명하시리니 그들이 손으로 너를 받들어 발이 돌에 부딪치지 않게 하리로다 하였느니라 ⁷예수께서 이르시되 또 기록되었으되 주 너의 하나님을 시험하지 말라 하였느니라 하시니 ⁸마귀가 또 그를 데리고 지극히 높은 산으로 가서 천하 만국과 그 영광을 보여 ⁹이르되 만일 내게 엎드려 경배하면 이 모든 것을 네게 주리라 ¹⁰이에 예수께서 말씀하시되 사탄아 물러가라 기록되었으되 주 너의 하나님께 경배하고 다만 그를 섬기라 하였느니라 ¹¹이에 마귀는 예수를 떠나고 천사들이 나아와서 수종드니라."

1 내용을 알기 쉽게 정리해보라.

2 마귀가 예수님을 공격하는 것을 보고 무엇을 알 수 있는가?

- 마귀가 예수님을 공격한다면 우리도 그 공격에서 예외일 수 없다.

🔊 자신이 마귀의 공격 대상이라는 사실을 인식하고 있는가? 그렇지 않다면 그 이유는 무엇인가?

3 마귀가 예수님을 공격(유혹)한 시점은 언제인가?
- 금식 기도하신 직후로 가장 성령충만하셨을 때지만 육체적으로는 연약하신 때였다.
- 마귀의 공격은 때와 상황에 관계없이 계속된다는 것을 기억해야 한다.
- 예수님이 사역을 시작하시기 직전이다.

🔊 당신은 사역을 시작하기 전에 어떻게 준비하는가?

4 마귀가 제시한 내용 세 가지와 각 내용의 특징은 무엇인가?
- 돌로 떡을 만들라(인간의 기본적인 욕구를 가지고 시험함. 그때 예수님께 가장 필요했던 음식으로 유혹하고 있다).
- 성전 꼭대기에서 뛰어내리라(마귀는 우리가 우리 자신을 과시하고 싶은 마음을 이용한다. 예수님의 능력을 모든 사람에게 보여주라고 유혹하고 있다).
- 마귀에게 절하라(마귀는 사람들이 좋아하는 영광, 명예, 권세를 가지고 찾아온다).

5 마귀의 유혹을 통해 느낀 점을 말해보라.
- 마귀는 우리에게 필요한 것이나 좋아하는 것, 또는 약점을 가지고 찾아온다는 것을 기억하라.

🔊 마귀가 이용할 수 있는 자신의 약점이 무엇이라고 생각하는지 말해보라.

6 예수님은 마귀를 어떻게 물리치셨는가?
- 하나님 말씀으로 물리치셨다.
- 말씀에 대한 확신이 있으면 유혹하는 마귀를 반드시 이길 수 있다.

🔊 말씀으로 마귀의 유혹을 이긴 경험이 있으면 말해보라.

> 마귀의 시험이란 그릇된 방법으로 우리의 정욕을 충족하도록 유도하는 그럴듯한 권고다.
> 호마 던컨 『이것은 비밀이다』, 『나는 왜 성경을 믿는가』의 저자

3 에베소서 6장 10-18절에서 영적 전쟁을 승리로 이끄는 방법을 살펴보자.

"¹⁰끝으로 너희가 주 안에서와 그 힘의 능력으로 강건하여지고 ¹¹마귀의 간계를 능히 대적하기 위하여 하나님의 전신 갑주를 입으라 ¹²우리의 씨름은 혈과 육을 상대하는 것이 아니요 통치자들과 권세들과 이 어둠의 세상 주관자들과 하늘에 있는 악의 영들을 상대함이라 ¹³그러므로 하나님의 전신 갑주를 취하라 이는 악한 날에 너희가 능히 대적하고 모든 일을 행한 후에 서기 위함이라 ¹⁴그런즉 서서 진리로 너희 허리 띠를 띠고 의의 호심경을 붙이고 ¹⁵평안의 복음이 준비한 것으로 신을 신고 ¹⁶모든 것 위에 믿음의 방패를 가지고 이로써 능히 악한 자의 모든 불화살을 소멸하고 ¹⁷구원의 투구와 성령의 검 곧 하나님의 말씀을 가지라 ¹⁸모든 기도와 간구를 하되 항상 성령 안에서 기도하고 이를 위하여 깨어 구하기를 항상 힘쓰며 여러 성도를 위하여 구하라."

1 내용을 알기 쉽게 정리해보라.

2 마귀를 대적하기 위해 전신갑주를 입어야 하는 이유는 무엇일까?

- 악한 영들과 벌이는 싸움이기 때문이다.
- 나의 힘으로는 감당할 수 없는 싸움이다. 그러므로 하나님의 전신갑주를 취해야 한다.
- 영적 전쟁을 위해서는 빈틈없는 완전 무장이 필요하다. 그 전쟁에서는 조그만 틈도 치명적이기 때문이다.

3 영적 전쟁을 위해 입어야 할 전신갑주에 대해 살펴보라(14-17절).

① **허리띠** 병사들의 옷을 단단히 동여매어 검을 붙이는 데 사용된다(진리).
② **흉배** 단단한 가죽에 쇠, 구리 등을 장식하여 가슴 부분을 보호한다(의).
③ **신** 신이 있어야 행군할 수 있다. 활동에 가장 중요하다(복음).

- 결국 구원의 진리를 단단히 붙들어야 한다.

④ **방패** 그 당시 방패는 가로세로 0.77×1.2미터의 크기로 전신을 거의 막을 수 있었다(믿음).

⑤ 투구 도끼로 내려치지 않는 한 뚫리지 않는 것으로서 머리를 보호해 준다(구원의 진리).

⑥ 검 공격용 무기(성령의 검, 곧 하나님 말씀)

- 구원의 확신과 하나님에 대한 믿음을 가지고 말씀으로 마귀를 대적하여 이겨야 한다.

🔊 당신은 영적 전투를 위해 완전무장을 잘 갖추고 있다고 생각하는가?
🔊 그렇지 않다면 어느 부분에 구멍이 뚫려있다고 생각하는가?

4 18절을 읽고 느낀 점을 나누어보라.

- 모든 장비를 녹슬지 않게 하는 것은 기도다.
- 성령 안에서 항상 기도할 때 전신갑주가 녹슬지 않고 제 역할을 할 수 있다.
- 아무리 좋은 총이라도 매일 분해하고 조립하여 녹슬지 않게 해야 한다.

🔊 당신은 성령 안에서 항상 깨어 기도하고 다른 성도를 위해 기도하고 있는가?

4 고린도전서 15장 57절을 읽고 느낀 점을 말해보라.

"우리 주 예수 그리스도로 말미암아 우리에게 승리를 주시는 하나님께 감사하노니."

- 주님을 마음에 모시고 사는 성도들은 반드시 승리한다. 이는 예수님이 한 번도 패하지 않으신 우리의 영원한 대장이시기 때문이다.

5 오늘 공부를 통해 느낀 점과 결단한 것을 나누고 합심해서 기도하자.

- 성구 암송　고린도전서 15:58, 마태복음 4:4
- 큐티　에베소서 6:10-18
- 독서 과제　『포도나무의 비밀』(브루스 윌킨슨, 디모데 역간)
- 생활 과제　이번 한 주간 동안 사탄에게 승리한 일을 구체적으로 적어오기
- 성경 읽기

사탄은 속임수의 명수다. 그리스도인이 길을 갈 때 옳은 길이라고 여기도록 만들고는 파멸의 길로 몰고 간다. 분별력을 흐트러뜨리며 함정에 빠트린다. 이 사실을 모른 채 사탄의 끄나풀이 되어 다른 영혼을 실족케 하고 교회를 파괴하는 사람이 얼마나 많은지 모른다. 그러므로 우리는 사탄의 간계를 이기기 위해 하나님의 무기로 완전무장해야 한다.

과제물 점검표

년   월   일

단원 : _____   지도자 : _____

제 ___ 기

점검 표시

○ : 과제물을 빠짐없이 했을 때   △ : 일부분만 했을 때   X : 전혀 하지 못했을 때   / : 새벽기도는 횟수를 기록하세요.

이름	예습	큐티	성구 암송	성경 읽기	특별 과제	생활 과제	독서 과제	새벽 기도	예배 참석 현황				
									주낮	주밤	수밤	순모임	금요 기도

- 큐티 :
- 성구 암송 :
- 성경 읽기 :
- 특별 과제 :
- 생활 과제 :
- 독서 과제 :